탐독가들

저자 _ 박수밀

경기도 양평에서 태어나 한양대학교에서 국문학을 전공하고 동 대학원에서 〈연암 박지원의 문예 미학 연구〉로 박사학위를 받았다. 분과 학문의 경계에서 벗어나 문학을 역사, 철학, 교육 등과 연계하는 통합의 학문을 추구한다. 미시적 관찰과 거시적 조망의 균형 감각을 놓치지 않으면서 고전의 정신이 지금 여기에 주는 의미를 탐구해가고 있다. 박지원의 합리적 이성, 이덕무의 온화한 성품, 박제가의 뜨거운 이상을 품으려 한다. 작은 것, 가여운 것에 시선을 두고 나만의 향기를 갖춘 글을 쓰고자 노력한다. 박지원, 이덕무, 이규보, 이옥을 공부하고 있으며, 최근엔 오랫동안 진행해 온 열하일기 완독 클럽 공부 모임을 바탕으로《열하일기 첫걸음》을 출간했다.

글쓰기에 관심이 많아《연암 박지원의 글 짓는 법》,《18세기 지식인의 생각과 글쓰기 전략》,《과학기술 글쓰기》(공저)를 냈다. 고전을 바탕으로 지금-여기와 소통하려는 노력으로《오우아 : 나는 나를 벗삼는다》,《옛 공부벌레들의 좌우명》,《리더의 말공부》(공저),《고전 필사》를 썼다. 교육에도 관심을 기울여《알기 쉬운 한자 인문학》,《기적의 명문장 따라 쓰기》,《기적의 한자학습》(공저),《살아있는 한자교과서》(공저) 등을 썼다. 역서로는《정유각집》(공저),《연암 산문집》,《글로 만나는 옛 생각 고전 산문》등이 있다.

탐독가들

박수밀 지음

조선 지식인의 독서 리더십과 독서론

PARK&JEONG

책문화교양 007

탐독가들
조선 지식인의 독서 리더십과 독서론

1판 1쇄 인쇄 | 2020년 12월 18일
1판 1쇄 발행 | 2020년 12월 28일
1판 2쇄 인쇄 | 2024년 5월 27일
1판 2쇄 발행 | 2024년 6월 3일

지은이 | 박수밀
발행인 | 정윤희
본문디자인 | 김미영
표지디자인 | 김미영
발 행 처 | PARK&JEONG
(PARK&JEONG은 책문화네트워크(주)의 단행본 브랜드입니다.)
출판사 신고일 | 2009년 5월 4일
출판사 신고번호 | 제2014-000009호
주소 | 경기도 용인시 기흥구 흥덕2로 87번길 18, 이시티빌딩 비동 4층 엠피스광교센터 422호
전화 | 02-313-3063
팩스 | 031-212-1311
이메일 | prnkorea1@naver.com
블로그 | blog.naver.com / prnkorea1

ISBN 978-89-98204-84-6 04020
ISBN 978-89-98204-53-2(세트)
값 16,000원

● 이 책은 저작권법에 보호받는 저작물이므로 무단 복제를 금합니다.

● 저자의 말

"독서, 이것이야말로 인간 세상의 가장 맑은 일이다."

　다산 정약용이 척박한 귀양지에서 자식에게 건넨 말이다. 신유사옥에 걸려들어 망한 가문인 폐족廢族의 처지가 되었을 때, 아버지 다산이 자식에게 되풀이하여 간곡하게 전한 말은 책을 읽으라는 당부였다. 다산은 고통과 시련을 겪은 자만이 독서의 맛을 제대로 알 수 있다고 깨쳐 주었다. 독서는 인간 세상의 가장 맑은 일이라고 힘주어 말했다. 다산의 말과 같이 사방을 둘러보아도 막막하기만 할 때, 지극한 슬픔이 밀려와 마음이 혼란스러울 때, 조용히 책을 읽으면 슬픈 마음이 가라앉고 답답한 마음이 조금씩 맑아진다.

　연암은 "많으면 많을수록 유익하고 오랠수록 잘못이 없는 것은 오직 독서이다."라고 말한다. 아무리 훌륭한 법도 오래 지나면 악법이 되고 아무리 맛있는 고기도 너무 많이 먹으면 배탈이 난다. 그러나 책은 많이 읽을수록 안목이 넓어지고 오래 지나도 변함없는 지혜를 들려준다. 그러나 한편으로는 제대로 된 책을 읽는 사람이 드물다고 말한다. 방 안에 틀어박혀 책을 가득 쌓아둔 채 글을 달달 외운다고 해서 깨닫는 것은 아니라는 것이다. 책을 읽는다는 것은 단순히 글자를 들여다보는 행위가 아니다. 작가의 고심을 읽는 행위이고 이를 통해 나를 들여다보는 일이다.

이 책은 제대로 된 독서 행위를 통해 지식과 삶을 일치시키면서 가혹한 삶을 주도적으로 이끌고 나간 고전 탐독가耽讀家들에 관한 글이다. 고전의 지식인들은 대개가 독서를 자신의 정체성으로 삼았다. 독서를 하면 선비士라고 하여 선비의 정체성을 책 읽기에 두었다. 하지만 연암의 말대로 제대로 된 독서를 한 선비가 많은 것은 아니었다. 맹목적으로 빠져 읽거나, 오로지 출세를 위해 읽거나, 읽기를 위한 읽기에 그치는 경우가 많았다. 하지만 어떤 지식인들은 독서를 통해 나를 발견하고, 세상을 이해하고, 우주의 이치를 깨달아갔다. 그리하여 좋은 독서를 한 지식인들이 나와 세계를 어떻게 바꾸고 현실에 맞서 갔는지를 들려주고자 했다.

책은 크게 1부와 2부로 나누어 1부에서는 고전의 독서 리더십을, 2부에서는 세 빛깔의 독서론을 담았다. 1부는 고전 지식인의 독서 리더십에 관한 글이다. 고전 지식인의 독서 행위가 각자의 삶에서 어떻게 구체적으로 실천되었는지를 담아내려고 노력했다. 내가 말하는 리더십은 단순히 집단을 거느리는 능력이 아니다. 진정한 리더십은 내가 먼저 바로 서는 데 있다. 좋은 리더는 나 자신이 앞서서 다른 사람의 본보기가 되며 남에게 무엇을 하라고 요구하기 전에 자신을 돌아본다. 나의 삶을 긍정하고 삶을 주도적으로 이끌어간다. 여기에 등장하는 열 명의 책벌레들은 모두 고독을 잘 견뎌내며 거친 삶을 적극적으로 끌어안았다. 독서를 통해 괴로움을 씻어내고 현실을 꿰뚫어보는 안목을 길렀다. 독서를 자기 출세의 발판으로 삼거나 관념의 읽기를 거부하고 배운 지식과 삶을 하나로 일치시키는 삶을 살다 갔다.

가난의 대명사인 책만 보는 바보 이덕무는 자신의 가난한 삶이 너무 슬퍼서 미친 사람처럼 소리를 지르며 뛰쳐나가고 싶은 충동을 느꼈다고 고백했다. 그러나 그는 눈이 오나, 비가 오나, 굶거나, 병들거나 오로지 책을 읽음으로써 모든 역경을 넉넉히 이겨나갈 수 있었다. 이덕무는 책을 읽음으로써 배고픔을 잊었고 근심에서 벗어났다. 그는 책을 읽은 덕분에 모진 고난에도 자오自娛할 수 있었다.

노둔함의 대명사인 김득신은 이보다 더 머리가 나쁠 수 없었으나, 자신이 머리가 나쁘다는 사실을 순순히 받아들이고 남들이 한번 책을 읽으면 열 번 읽었다. 그는 앎에 이를 때까지 읽고 또 읽었다. 정약용으로부터 문자와 책이 존재한 이후 가장 부지런히 독서한 사람이라는 평가를 받은 그는 59살에 비로소 과거에 합격했다. 책에 미친 김득신의 삶은 둔하고 미련해 보일지 모르나 목표를 이루기까지 우직하게 도전하는 끈기의 리더십을 보여준다.

우리나라 역사상 가장 찬란한 업적을 이룬 세종대왕이 최고의 리더가 된 기반도 남다른 독서열에 있었다. 세종은 한 권의 책을 끝까지 파고들어 처음과 끝을 꿰뚫는 관통貫通의 독서를 강조했다. 세종은 책을 통해 나라를 경영하는데 필요한 실제 도움을 얻었으며 독서 토론을 통해 신하들의 의견을 듣고 자기 생각을 교정해 나갔다. 세종은 자신이 왕이라고 해서 독단적으로 결정하지 않았다. 자신과 견해를 달리하는 신하들의 생각을 존중하고 활발한 토론을 거쳐 중지衆智를 모아갔다. 세종의 소통의 리더십 덕분에 국가경영을 위한 좋은 아이디어가 자유롭게 쏟아졌으며 나라를 경영하는 방책을 얻을 수 있었다.

밑바닥까지 캐는 독서를 강조한 정약용은 건성건성 통독하는 읽기가 아니라 뿌리까지 탐구하는 정독의 읽기를 강조했다. 다산의 독서는 단순히 지식 확장에 그치지 않고 내면을 더욱 성장하게 하고 사람을 더욱 깊이 이해하는 데로 나아갔다. 그리하여 제자들을 가르칠 때 제자의 약점을 꼬집기보다 장점을 발견하고 그 장점을 북돋워주는 격려의 리더십을 보여주었다. 일상의 자질구레한 일들이 모두 독서라고 말한 홍길주는 배운 지식을 삶에서 실천하려고 노력했다. 남의 글에서는 좋은 점만 취하고 자신의 글에 대해서는 가혹할 정도로 엄정했던 독서 태도가 삶에 이어져 남에게는 최대한 너그럽고 자신을 단속하는 데는 굉장히 엄격했다.

의문을 품는 독서와 진실한 마음을 중요하게 여긴 홍대용은 참마음이란 뜻의 실심實心과 실제적인 일이란 뜻의 실사實事를 배움의 요체로 생각했다. 공허한 이론 공부가 아닌 실질적이고 현실에 도움이 되는 학문을 좇았으며 앎이 실천으로 이어지는 독서에 힘썼다. 그리하여 그 시대의 주류 학문인 주자학의 테두리에 갇히지 않고 다른 사상을 적극적으로 수용하는 위대한 사상가로 발돋움해 나갔다. 이익은 책을 읽을 때 항상 의문을 품으라고 강조했다. 제자들과 독서 토론을 할 때 스승의 권위를 내세우기보다는 제자들이 솔직하게 의문을 풀어가도록 이끌었다. 아랫사람에게 묻기를 부끄러워하지 않는 하문下問의 독서 토론을 진행하여 제자의 생각을 적극적으로 수용하고 자신의 견해를 고쳐나갔다. 스승의 열린 마음과 토론문답식 독서 덕분에 제자들은 풍부한 식견을 갖출 수 있었고 학파를 이룰 만큼의 제자 그룹을 길러내기에 이르렀다.

충무공 이순신은 무사武士였음에도 독서를 즐겼다. 한시도 손에서 책을 놓지 않았다. 위기의 순간에 평소 즐겨 읽던 《오자

병법》의 구절인 "반드시 죽고자 하면 살고 반드시 살고자 하면 죽는다."라는 구절을 떠올려 결사의 각오를 다졌고 명량해전에서 왜적을 무찌르고 크게 승리했다. 율곡은 독서의 궁극적 의미는 실천에 있어야 한다고 생각했다. 독서를 통해 넓은 안목을 갖추었고 이념과 현실, 의리와 실제를 통합하는 실천의 정치 활동을 펼쳐나갔다. 아울러 모든 존재를 두루 포용하는 덕망의 리더십을 갖추어 자신을 미워한 계모를 끝까지 진심으로 대함으로써 그녀의 마음을 바꾸었다. 차별없는 세상을 꿈꾼 허균은 스스로를 서음書淫이라고 불렀다. 허균은 독서를 통해 하나의 틀에 구속되지 않는 자유로운 영혼으로 성장해 갔으며 출세의 욕망에서 벗어나 낮은 이들과 어울리는 평등의 리더십을 실천해갔다. 이같이 독서는 한 인간을 위로해주고, 한 인간을 일으켜 세우는 힘이 되어 주었다.

2부에서는 고전 시대의 다양한 독서론을 크게 실학자, 국왕, 성리학자 셋으로 구별하여 접근해 보았다. 실학자를 대표하는 연암 박지원, 국왕을 대표하는 정조, 성리학자를 대표하는 백수 양응수의 독서론은 각자가 속한 신분 조건과 세계관에 따라 서로 대비되는 독서 스타일과 독서 태도를 보여준다.

특히 연암은 좋은 책 읽기는 활자화된 책을 읽는 행위가 아니라 눈앞의 사물과 현실을 꼼꼼하게 살피는 일이라고 말한다. 연암에게 지구는 하나의 거대한 책이고, 지구라는 공간에서 살아가는 모든 생명체는 하나하나가 새로운 몸짓이다. 나는 이것을 이른바 연암의 독서 개념에 대한 패러다임의 전환이라고 부른다. 책 읽기의 대상이 문자에서 사물과 현실로 바뀐 것이다. 연암은 눈앞의 삶의 현장이 중요하다고 말한다. 그리하여 글의 의미를 자연 사물로 확장하여 새로운 의미의 독서 개념을 만든다. 연암에게 좋은 독서는 사물 읽기이고 현실 읽기이다. 진정한 책 읽기는 낡은 지식을 넘어 눈앞의 삶과 현실을 세심하게 들여다보는 일이다. 연암의 독서론은 활자에 눈을 고정하는 오늘날의 관념적인 독서 태도에 신선한 자극을 줄 것이다.

정조는 역대 임금 가운데서도 가장 책 읽기를 즐긴 독서와 호학好學의 군주이다. 문화 부흥을 이끈 원동력이 정조의 독서 사랑에 있다. 개혁 군주로서의 위상에 논란을 일으키고 있는 문체 파동을 둘러싼 정조의 책에 대한 인식을 살펴보았다. 정조의 문체 파동은 남인을 보호하기 위한 탕평책이라는 동기 외에도 글의 속성과 인간의 내면을 정확히 파악한 정조의 시각도 담겨 있었다. 독서 대왕으로서의 독서론을 다양한 각도에서 조명해 보아 호학 군주인 정조의 면모를 이해하는 데 도움을 주고자 했다.

백수 양응수의 독서론을 통해서는 전통 성리학자의 독서론을 들여다보았다. 성리학의 전통이 무너지고 포스트모더니즘 시대를 살아가는 오늘날에 성리학자의 독서론이 크게 다가올 것 같지는 않다. 하지만 무조건 많이 읽기보다 깊게 읽는 것이 중요하다, 하나를 읽더라도 제대로 알아라, 열 권의 책을 한번 훑어보는 것보다 한 권의 책을 열 번 꼼꼼히 보는 것이 낫다는 백수의 독서법은 결코 낡은 지식이 아니며 지금의 독서 교육에도 유익한 생각을 보태줄 것이다.

이 글은 〈독서경영〉에 연재하던 것을 새롭게 보강하고 다듬은 것이다. 윤재연 편집자가 잘 도와준 덕분에 예쁜 책으로 나오게 되었다. 책이 나오기까지 함께 고민해주신 정윤희 대표님은 책문화생태계를 위해 애쓰는 분이다. 이 글을 읽은 독자가 고전의 책을 즐겨 읽었던 사람들이 그랬던 것처럼 책이 들려주는 지혜를 통해 주어진 삶의 조건을 기꺼이 받아들이고 삶과 현실을 주체적으로 이끌어갔으면 좋겠다.

2020년 12월

박수밀

목차

저자의 말 • **4**

제1부
고전에서 배우는 독서 리더십

책을 읽을 뿐!
책 미치광이 이덕무의 자오의 리더십 • **21**

읽고 또 읽다
다독왕 김득신의 끈기의 리더십 • **33**

책으로 나라를 경영하다
세종대왕의 소통의 리더십 • **43**

밑바닥까지 캐는 독서
다산 정약용의 격려의 리더십 • **55**

일상의 독서
홍길주의 대인춘풍의 리더십 • **67**

실질의 독서
담헌 홍대용의 실심실사의 리더십 • **79**

의문을 품는 독서
성호 이익의 하문의 리더십 • **91**

죽고자 하면 산다
충무공 이순신의 결사각오의 리더십 • **103**

독서는 실천이다
율곡 이이의 덕망의 리더십 • **113**

차별 없는 세상을 꿈꾸다
교산 허균의 평등의 리더십 • **123**

제2부
고전에서 배우는 세 빛깔의 독서론

실학자의 독서론 :
천지 만물이 책이다,
박지원의 독서 패러다임의 전환 • **135**

국왕의 독서론 :
책으로 정치하다,
정조의 활법의 책 읽기 • **161**

성리학자의 독서론 :
마음을 먼저 비워라,
백수 양응수의 허심의 독서 • **189**

참고문헌 • **207**

1부

고전에서
배우는
독서 리더십

볼거리도 많고 즐길 거리도 가득한 세상이지만 여전히 선생과 부모는 책 읽기를 강조한다. 도대체 책을 읽는 행위가 삶과 현실에 어떤 도움을 줄 수 있는 것일까? 책을 읽는다는 것은 단순히 교양을 쌓고 정보를 얻는 데 그치지 않는다. 독서의 궁극적 가치는 지혜를 깨우쳐 주고 세상을 바꾸는 힘이 되는 데 있다. 책을 읽음으로써 우리는 자신을 돌아보고 세계의 변화를 파악하며, 시대의 흐름에 적극적으로 대응해 나간다. 책을 읽음으로써 인간을 더욱 넓게 이해하고 다른 세상과 소통한다. 박지원은 《원사原士》에서 "한 선비가 책을 읽으면 은택이 사해에 미치고 공덕이 만세에 드리운다."라고 일러준다. 선비는 조선의 정치와 사화, 문화를 주도해 간 계층이니 오늘날의 지식인 그룹에 해당한다. 고전의 지식인들은 독서를 통해 자신을 점검하고 세상을 경영하는 지혜를 배웠다.

　　북송 시대 정치인이자 문필가인 왕안석王安石, 1021~1086은 〈권학문勸學文〉에서 "가난한 자는 책으로 부유해지고 부유한 자는 책으로 귀해진다貧者因書而富, 富者因書而貴."라고 하였다. 독서는 영혼을 살찌우기도 하지만 삶에도 실질적인 도움을 주며, 인간의 존엄성을 회복하게 해준다. '어리석은 자는 책으로 현명해지

고 현명한 사람은 책에서 이익을 얻는다.'

고전 시대 지식인은 누구나 독서왕이었다. 책을 읽음으로써 힘든 현실에 낙담하지 않고 삶의 줏대를 세워 삶을 주도적으로 이끌어나갔다. 세종대왕은 책을 통해 세상을 경영하는 지혜를 배웠고, 이충무공은 "반드시 죽고자 하면 살고 반드시 살고자 하면 죽는다必生卽死 死必卽生."라는 병법서의 구절을 새기며 각오를 다졌다. 이덕무는 책을 읽음으로써 가난에 굴복하지 않고 스스로 즐기는 자오自娛의 삶을 살았고, 율곡은 자신을 괴롭히는 계모를 공경으로 품는 덕망을 갖추었다. 조선의 지식인들은 책의 내용을 관념적으로 받아들이거나 그대로 묵수墨守하지 않았다. 책의 정보를 끊임없이 의심함으로써 새로운 진실을 발견했으며, 실질적이고 실천이 되는 독서를 지향했다.

고전 시대 지식인들의 독서 리더십은 복잡한 현실을 살아가는 우리에게도 큰 힘과 지혜를 제공해 줄 것이라 믿는다. 책에는 우리가 세상을 살아가는데 필요한 모든 유익이 있다. 독서는 세상의 모든 것이다.

"군자가 한가롭게 지내며 일이 없을 때
책을 읽지 않고 다시 무엇을 하겠는가?
그렇지 않다면 작게는 쿨쿨 잠만 자거나
바둑이나 장기를 두고, 크게는 남을 비방하거나
재물과 여색에 힘 쏟게 된다.
아아! 나는 무엇을 할까? 책을 읽을 뿐이다."
-《이목구심서耳目口心書》

이덕무는 단 하루도 손에서 책을 놓아본 적이 없다고 고백했을 정도로 어린 시절부터 글 읽기를 좋아했다. 하루는 집안사람들이 그가 어디로 갔는지를 몰라 난리가 났는데 저녁 무렵에 대청 벽 뒤에 있는 풀 더미 사이에서 그를 발견했다. 벽에 적힌 옛글을 보다가 넋이 빠져서 날이 저문 줄 몰랐던 것이다. 남몰래 벽에 해시계를 그려 놓은 후 친구들과 즐겁게 놀다가도 일정한 시간이 되면 서재로 달려가 책을 읽곤 했다. 집이 가난해 책을 빌려보곤 했는데, 그를 좋아하는 사람들은 이덕무가 책을 빌려달라는 말을 하기도 전에 빌려 주면서, "자네의 눈을 거치지 않으면 그 책을 무엇에 쓰겠는가?"라고 했다.

책 책
죽간을 엮으로 묶은 모습이다. 종이가 발명될 때까지 인류는 오랫동안 죽간으로 된 책을 읽었다. 이덕무는 책벌레였다.

책을 읽을 뿐!
책 미치광이 이덕무의 자오自娛의 리더십

한가한 시간을 얻게 되면 사람들은 무얼 할까? 잠을 자기도 하고 빈둥빈둥 지내기도 하고, 혹은 잡담을 하면서 남의 흉을 보기도 한다. 그런데 이덕무는 다음과 같이 말한다.

> 군자가 한가롭게 지내며 일이 없을 때 책을 읽지 않고 다시 무엇을 하겠는가? 그렇지 않다면 작게는 쿨쿨 잠만 자거나 바둑이나 장기를 두고, 크게는 남을 비방하거나 재물과 여색에 힘 쏟게 된다. 아아! 나는 무엇을 할까? 책을 읽을 뿐이다.
>
> -《이목구심서》

이덕무李德懋, 1741~1793는 오직 책 보는 것만 좋아해서 춥든지 덥든지 굶든지 병들든지 가리지 않고 책만 읽은 사람이다. 호는 아정雅亭과 청장관青莊館이다. 아정은 국왕인 정조로부터 시가 우아하다雅는 평을 듣고 붙인 이름이다. 청장관은 가만히 서서 자기 앞에 오는 물고기만 잡아먹는 새인데, 욕심 없이 살겠다는 다짐을 담은 이름이다.

이덕무는 18세기를 살다간 실학자이다. 연암 박지원의 수제자이자, 박제가와는 평생 괴로움과 즐거움을 함께한 지음知音이다. 시에 특별히 뛰어나 중국에까지 이름을 알렸으며, 정조가 서얼 우대책으로 마련한 규장각의 검서관에 뽑혀 정조를 가까이서 도왔다. 이덕무는 품성이 온유하고 맑았다. 숫기가 없어 사람들과 잘 어울리지 못했으며 몸이 허약해 병치레가 잦았다. 장기나 바둑 등의 잡기雜技도 전혀 둘 줄 몰랐고 세상 물정에도 어두웠다. 그는 오직 책만 읽고, 책과 평생을 함께 했다. 서얼이라는 신분적 질곡과 가난한 삶을 극복하게 한 원동력도 책 읽기에 있었다.

책만 보는 미치광이

이덕무는 단 하루도 손에서 책을 놓아본 적이 없다고 고백했을 정도로 어린 시절부터 글 읽기를 좋아했다. 하루는 집안사람들이 그가 어디로 갔는지를 몰라 난리가 났는데 저녁 무렵에 대청 벽 뒤에 있는 풀 더미 사이에서 그를 발견했다. 벽에 적힌 옛글을 보다가 넋이 빠져서 날이 저문 줄 몰랐던 것이다. 남몰래 벽에 해시계를 그려 놓은 후 친구들과 즐겁게 놀다가도 일정한 시간이 되면 서재로 달려가 책을 읽곤 했다. 집이 가난해 책을 빌려보곤 했다. 그를 좋아하는 사람들은 이덕무가 책을 빌려달라는 말을 하기도 전에 빌려 주면서, "자네의 눈을 거치지 않으면 그 책을 무엇에 쓰겠는가?"라고 했다.

책을 빌리면 반드시 보고 나서 베껴 썼는데, 베껴 쓴 책이 수백 권을 넘었다. 여행할 때에도 반드시 책을 소매에 넣고 다녔다. 심지어 붓과 벼루까지 함께 가지고 다녔다. 여관에서 묵거나 배를 타고 갈 때도 책을 덮은 적이 없었다. 비록 집에는 책이 없을지언정, 그의 머릿속에는 수만 권의 책이 있었다. 평생 동안 읽은 책이 2만 권이 넘었다고 한다. 오로지 책만 읽었던 그는 스스로를 책만 보는 미치광이, 곧 간서치看書痴라고 불렀다. 치痴는 미치광이, 멍청이라는 뜻이니 그는 기꺼이 책 미치광이임을 자처한 것이다.

이덕무는 열여덟 살 때 자신이 살던 작은 방에 구서재九書齋란 이름을 붙였다. 책과 관련된 아홉 가지 활동이 이루어지는 집이란 뜻이다. 아홉 가지 활동은 책을 읽는 독서讀書, 눈으로 보는 간서看書, 베껴 쓰는 초서鈔書, 교정하며 읽는 교서校書, 비평을 하는 평서評書, 책을 쓰는 저서著書, 책을 보관하는 장서藏書, 책을 빌리는 차서借書, 책을 햇볕에 말리는 포서曝書이다. 책과 관련한 일체의 행동을 즐기겠다는 포부가 담긴 이름이다. 이덕무는 서얼이었다. 서얼은 아무리 책을 많이 읽고 큰 학식을 쌓아도 높은 벼슬에 오를 수가 없었다. 책을 읽는다고 해서 돈벌이가 되는 것도 아니었다. 하지만 이덕무는 오로지 책을 읽고 쓰는 일을 자신의 정체성으로 삼았다. 이덕무에게 책을 읽는다는 것은 그 자체가 살아가는 힘이고 생기였다.

이덕무는 책이 주는 유익을 다음과 같이 말한다.

첫째, 배가 고플 때 책을 읽으면 소리가 두 배는 낭랑해져서, 담긴 뜻을 음미하느라 배고픈 줄도 모르게 된다. 둘째, 조금 추울 때 책을 읽으면 기운이 소리를 따라 흐르고 돌아 몸속이 편안해지니 추위를 잊기에 충분하다. 셋째, 이런저런 근심으로 마음이 괴로울 때 책을 읽으면 눈이 글자에만 쏠려 마음이 이치와 하나가 된다. 오만가지 생각들이 어느새 사라지고 없다. 넷째, 병으로 기침할 때 책을 읽으면, 기운이 시원스레 통해 아무 걸림이 없어져서 기침 소리가 문득 멎는다. 덥지도 춥지도 배고프지도 배부르지도 않으면 마음이 아주 화평해지고 몸도 건강하다. 여기에 더해 등불은 밝고 창은 환한데 훌륭한 책이 앞에 놓여 있고 책상과 자리가 깨끗하기까지 하다면 읽지 않고 배길 수가 있겠는가? 하물며 뜻이 높고 재주가 뛰어난 데다가 나이가 젊고 기운마저 굳센 사람이라면 책을 읽지 않고 다시 무엇을 하겠는가?

– 《이목구심서》

이덕무에게 책은 모든 것을 치유해주는 만병통치약이었다.

가난을 이기는 힘, 독서

이덕무는 평생 가난했으며 툭하면 끼니를 걸렀다. 사흘 동안 굶주리다가 집에 있는 물건 가운데 가장 값나가는 《맹자孟子》 7책을 팔아 쌀로 바꿔 밥을 해먹은 적도 있었다. 이웃집에서 웃고 떠드는 소리가 들리자 자신의 가난한 삶이 너무 슬퍼서 미친 사람처럼 소리를 지르며 밖으로 뛰쳐나가고 싶은 충동을 느낀 적도 있었다. 하지만 그는 마음을 고쳐먹고 가난을 원망하지 않기로 했다. 그는 다음과 같이 말한다. "하늘이 우리를 생겨나게 했을 때 이미 가난할 빈貧자 한 글자를 점지해 주었으니 거기서 도망할 길도 없거니와 원망할 것도 없습니다." 가난이 운명이라면 이를 원망하기보다 적극적으로 끌어안고 살아가겠다는 다짐이다.

집은 비좁은 단칸방이어서 햇빛이 들지 않아 낮에도 어두컴컴했다. 다행히 동쪽, 서쪽, 남쪽으로 창이 나 있었는데 해가 동쪽에 뜨면 동창 아래서 책을 읽고 해가 서쪽으로 기울면 서창 아래에서 책을 읽었다. 글을 읽다가 새로운 깨달음을 얻으면 벌떡 일어나 이리저리 왔다 갔다 하며 깍깍 소리를 질러댔다. 혹 집안사람들이 그가 웃는 것을 보면 그것은 그가 희귀한 책을 구한 날이었다.

하지만 가난한 이에게 겨울은 몹시 괴로운 계절이다. 젊은 날의 엄동설한은 이덕무에게 몹시 혹독했다. 스물한 살이던 겨울, 냉기가 온몸을 파고들자 이덕무는 도저히 잠을 이룰 수 없었다. 이리저리 뒤척이던 이덕무는 문득 좋은 꾀가 떠올랐다. 평소에 아끼던 《한서》한 질을 가져다 이불 위에 죽 늘어놓으니 약간은 추위가 누그러졌다. 하지만 이번엔 찢어진 문틈으로 칼칼한 바람이 새어들었다. 등불이 마구 흔들리고 냉기가 이불 속으로 스며들었다. 오들오들 떨던 그는 《논어》 한권을 뽑아 세워서 바람을 막았다. 그날의 경험을 그는 다음과 같이 기록했다.

지난 경진년과 신사년 겨울의 일이다. 내가 거처하던 작은 띳집이 몹시 추웠다. 입김을 불면 성에가 되곤 해, 이불깃에서 버석버석하는 소리가 났다. 내 게으른 성품으로도 한밤중에 일어나 창졸간에 《한서漢書》 한질을 가지고 이불 위에 주욱 늘어놓아, 조금이나마 추위의 위세를 누그러뜨렸다. 이것이 아니었더라면 거의 얼어 죽은 진사도陳師道의 귀신이 될 뻔하였다. 간밤에도 집 서북편 모서리로 매서운 바람이 쏘듯이 들어와 등불이 몹시 다급하게 흔들렸다. 한동안 생각하다가 《논어》한 권을 뽑아 세워 바람을 막고는 혼자서 그 경제經濟의 수단을 뽐내었다. 옛사람이 갈대꽃으로 이불을 만든 것은 기이함을 좋아함이라 하겠거니와, 또 금은으로 새 짐승의 상서로운 상징을 새겨 병풍으로 만드는 것은 너무 사치스러워 족히 부러워할 것이 못 된다. 어찌 내 《한서》이불과 《논어》병풍이 창졸간에 한 것임에도 반드시 경사經史를 가지고 한 것만 같겠는가? 또한 한나라 왕장王章이 쇠덕석을 덮고 누웠던 것이나, 두보가 말안장을 깔고 잔 것보다야 낫다 할 것이다.

- 《이목구심서》

차가운 냉기에 잠 못 이루면서 그는 충분히 서러웠을 것이다. 그러나 그는 서럽다고 말하는 대신 여유롭게 받아쳤다. 모진 추위도 그의 자존을 깎아내리지는 못했다. 가난한 선비의 겨울은 몹시도 혹독했지만 그는 굴하지 않고 넉넉한 심성으로 받아들였다.

또 몇 해가 흘렀고 이덕무는 스물여섯 번째 겨울을 맞이했다. 그 해에 그는 종로의 대사동으로 이사를 했다. 가난한 환경은 그대로였고 추운 겨울도 그대로였다. 추위를 도저히 감당할 길이 없던 이덕무는 서재를 나와 뜰아래에 있는 띳집으로 옮겼다.

을유년 겨울 11월, 서재가 추워서 뜰 아래 작은 띳집으로 거처를 옮겼다. 집이 몹시 누추하여 벽에 언 얼음이 뺨을 비추고 방 구들의 그을음 때문에 눈이 시었다. 바닥은 들쭉날쭉해서 그릇을 두면 물이 반드시 엎질러졌다. 햇살이 비쳐 올라오면 쌓였던 눈이 녹아 스며들어 띠에서 누런 국물 같은 것이 뚝뚝 떨어져 손님의 도포에 한 방울이라도 떨어지면 손님이 크게 놀라 일어나는 바람에 내가 사과하곤 하였으나 게을러 집을 수리하지는 못했다. 어린 아우와 함께 무릇 석 달간 이곳을 지켰지만 오히려 글 읽는 소리가 그치지 않았다. 세 차례나 큰 눈을 겪었는데 매번 눈이 한차례 오면 이웃에 키 작은 늙은이가 꼭 대빗자루를 들고 새벽에 문을 두드리며 혀를 끌끌 차면서 혼자 말하곤 했다. "불쌍하구먼 연약한 수재가 얼지는 않았는가?" 먼저 길을 내고는 그 다음엔 문 밖에 신발이 묻힌 것을 찾아다가 쳐서 이를 털고 재빨리 눈을 쓸어 둥글게 세 무더기를 만들어놓고 가곤 했다. 나는 그 사이에 하마 이불 속에서 옛글 서너 편을 벌써 외우곤 하였다.

- 《이목구심서》

혹독한 추위 속에서도 그가 포기할 수 없는 한 가지는 책 읽기였다. 매서운 바람이 방안으로 쳐들어와도, 눈이 펑펑 쏟아 내려도 그는 오직 책을 읽었다. 큰 눈이 내리면 이웃의 키 작은 어르신이 큰 빗자루를 들고 와 새벽에 문을 두드렸다. 혹시 이덕무가 얼어 죽은 것은 아닌지 걱정이 되어서였다. 차마 문을 열어 보지는 못하고 끌끌 혀를 차며 중얼거렸다. "쯔쯧 불쌍하구먼, 허약한 선비가 얼어 죽은 건 아니겠지?" 이덕무가 불쌍했는지 눈에 묻힌 신발도 털어주고 눈을 쓸어주었다. 그 사이에 이덕무는 이불 속에서 옛글 서너 편을 외웠다.

오직 책만 읽은 사람 이덕무! 그에게 책 읽기는 존재를 증명해주는 전부이자 삶 자체였다. 가난한 선비의 겨울은 몹시도 추웠지만 그는 책이 있기에 버틸 수 있었다. 책을 읽음으로써 그는 추위를 잊었고, 배고픔을 잊었으며, 근심에서 벗어났다. 끼니는 끊길망정 글 읽는 소리는 끊지 않았다.

책만 읽었던 이덕무는 마침내 능력을 펼칠 기회를 얻게 되었다. 정조가 서얼 우대 정책의 하나로 규장각에 검서관檢書官을 설치하여 네 사람의 서얼을 뽑았는데, 그 중 이덕무가 으뜸으로 뽑혔다. 검서관은 책을 필사하고 편찬, 교감하는 일을 맡은 직책이다. 검서관은 정규직이 아닌 잡직이었으며 박봉이었다. 하지만 책을 가장 사랑했던 그는 무척 행복했을 것이다. 백동수를 도와 최초의 무예서인 《무예도보통지》를 편찬했으며, 그 자신이 방대한 저술을 남겨, 훗날 33책 71권 분량의 《청장관전서》를 남겼다. 정조는 그를 매우 아껴서 가까이 다가와 책을 읽게 하기도 했으며 그가 직책을 수행하는 동안 520차례에 걸쳐 하사품을 주었다. 53세의 나이로 폐렴으로 죽기까지 그는 오로지 책에 묻혀서 책 속에서 살았다.

　가난한 자는 책으로 부유해진다는 말이 있다. 그러나 부귀하지 않은들 어떠랴? 책이 주는 이익은 돈에 있지 않다. 책은 모진 고난, 깊은 시련에도 자오자락自娛自樂할 수 있는 힘을 길러준다. 이덕무의 삶이 이를 보여주고 있다.

읽을 독

장사하는 사람이 물건을 팔 때[賣] 소리치며 말하는 [言] 것처럼 글을 소리 내어 읽는다는 뜻이다. 본래 독서(讀書)는 눈으로 읽는 것이 아니라 소리를 내서 읽는 행위였다.

"옛 나의 선조 백곡 어르신은 말년까지
 부지런히 수많은 책을 손수 베껴 쓰고,
늙어서도 독서를 게을리하지 않아
백 번, 천 번 혹은 만 번, 억 번에 이르도록 읽으셨다.
글의 맥락을 알 수 있는 복선이 담겨 있는 곳은
줄을 긋고 둥근 점을 이어 놓았다.
이치와 뜻이 담겨 있는 곳에는
행서行書와 초서草書의 글씨로
옆에 주석을 달아놓았다."
- 김유헌,〈서독수기후書讀數記後〉

김득신의 공부 방법은 베끼면서 읽고 또 읽는 것이었다. 중요한 부분은 밑줄을 긋고 중요한 뜻이 담겨 있는 곳은 별도로 메모를 했다. 이러한 그의 독서법은 안철지면眼徹紙面이라 부를 만하다. 눈빛이 종이를 뚫는다는 뜻으로, 눈빛이 종이를 꿰뚫을 정도로 정확하고 자세하게 책을 읽은 것을 말한다.

習 익힐 습
어린 새가 날기 위해 날마다[日] 날개짓[羽]하는 모습이다. 배움은 끊임없이 날마다 새로 익히는 행위이다. 김득신은 매일 반복해서 익혔다.

읽고 또 읽다,
다독왕 김득신의 끈기의 리더십

"재주가 남만 못하다고 스스로 한계를 짓지 말라. 나보다 어리석고 둔한 사람도 없겠지만, 결국에는 이룸이 있었다. 모든 것은 힘쓰는 데 달렸을 뿐이다."

조선 중기의 백곡柏谷 김득신金得臣, 1604~1684이 자신이 직접 쓴 묘지명에서 한 말이다. 스스로를 어리석고 둔한 사람이라고 평가하면서, 그럼에도 불구하고 자기 한계에 갇히지 않고 힘써 노력한 결과 목표를 성취했노라고 고백한다. 김득신은 조선조 역사상 책을 가장 많이 읽은 사람이라고 평가해도 좋다. 그는 이보다 더 머리가 나쁠 수 없었으나 좌절하지 않고 반복 읽기를 통해 자신의 목표를 이루었다.

김득신은 본래 영재 집안에서 태어났다. 그의 할아버지인 김시회는 스물다섯 살에 과거에 급제했으며 아버지인 김치金緻는 스무 살에 과거에 급제했다. 양할아버지 김시민은 임진왜란 때 진주성에서 큰 활약을 하여 영의정에 추증된 인물이다. 하지만 김득신은 예외적으로 머리가 무척 나빴다. 금방 배운 것도 돌아서면 까먹었다. 어릴 적 천연두를 앓은 영향 때문이라고도 한다. 열 살에야 비로소 글을 읽기 시작했고 스무 살이 되어서야 겨우 글을 지었다. 의례적으로 칭찬하기 마련인 친인척들도 그에게는 큰 인물이 되기는 글렀다며 혀를 끌끌 찰 정도였다.

한 번은 그가 말을 타고 어떤 사람 집을 지나가는데 책 읽는 소리가 들려 왔다. 그는 말을 멈추고 한참 듣다가 읊조렸다. "글이 정말로 익숙한데 무슨 글인지 생각이 나지 않는구나." 말고삐를 끌던 하인이 말했다. "배우는 자에게 서적은 매우 많으나 어쩌고저쩌고 한 것은 나리께서 평소 매일 읽으신 거라 쇤네도 아는 것입니다요. 나리께서 모르신단 말입니까?" 김득신은 그제야 그 글이 자신이 즐겨 읽던 〈백이전〉의 한 구절임을 깨달았다고 한다.

이 정도로 머리가 나쁘다면 부모라도 포기할 듯하다. 너는 공부는 도저히 안 되니 그만두고 다른 길을 찾아보라고 권할 것이다. 하지만 김득신의 아버지는 달랐다. 김득신의 아버지는 다음과 같이 격려했다. "조급해하지 말아라. 포기하지 않으면 언젠가는 이룰 수 있단다." 김득신의 아버지는 자식을 끝까지 믿어주었다. 과거를 위해 공부하는 것은 아니니 더욱 노력하라는 당부도 잊지 않았다. 한 사람이 성공하기까지는 자식을 향한 부모의 굳은 믿음과 뒷바라지가 중요하다는 사실을 일깨워준다.

읽고 또 읽다

김득신은 부모의 격려에 힘을 얻었다. 그는 자신이 머리가 나쁘다는 사실을 받아들였다. 남들과 똑같이 노력하면 남을 따라갈 수 없다는 것을 알았다. 그리하여 남들이 한 번 책을 읽으면 열 번을 읽고, 남들이 열 번을 읽으면 백 번을 읽었다. 비가 오나 눈이 오나 그는 오로지 책만 읽었다. 책에 미친 그의 삶은 다음과 같은 일화를 낳았다.

김득신이 결혼을 하던 날이었다. 장모는 김득신이 책을 좋아한다는 소문을 듣고 신부의 방에 있는 책을 모두 치워버렸다. 신랑이 책에 미쳐서 첫날밤을 제대로 치르지 않을까 걱정이 되었던 것이다. 첫날밤, 예상한 대로 김득신은 신부는 눈길도 주지 않은 채 책부터 찾았다. 온 방을 뒤지던 김득신은 경대 밑에서 책력冊曆을 하나 발견했다. 밤새도록 책력을 읽고 또 읽은 그는 '책이 왜 이렇게 재미없지.'라고 했다고 한다. 독서광 이미지로 만들어진 과장일테지만, 그가 얼마나 책에 미친 사람이었는지를 잘 보여준다.

다음은 그가 책 읽은 횟수를 기록한 〈독수기〉이다. 널리 알려진 글이지만 소개해 보겠다.

한유韓愈의 〈획린해獲麟解〉·〈사설師說〉·〈송고한상인서送高閑上人序〉·〈남전현승청벽기藍田縣丞廳壁記〉·〈송궁문送窮文〉·〈연희정기燕喜亭記〉·〈지등주북기상양양우상공서至鄧州北寄上襄陽于相公書〉·〈응과목시여인서應科目時與人書〉·〈송구책서送區冊序〉·〈장군묘갈명張君墓碣銘〉·〈마설馬說〉·〈후자왕승복전朽者王承福傳〉은 1만 3천 번씩 읽었고, 〈악어문鱷魚文〉은 1만 4천 번 읽었다. 〈정상서서鄭尙書序〉·〈송동소남서送董邵南序〉는 1만 3천 번 읽었고, 〈십구일부상서十九日復上書〉도 1만 3천 번을 읽었다. 〈상병부이시랑서上兵部李侍郎書〉·〈송료도사서送廖道士序〉는 1만 2천 번을 읽었고, 〈용설龍說〉은 2만번을 읽었다. 〈백이전伯夷傳〉은 1억 1만 3천 번을 읽었고, 〈노자전老子傳〉은 2만 번, 〈분왕分王〉도 2만 번을 읽었다. 〈벽력금霹靂琴〉은 2만 번, 〈제책齊策〉은 1만 6천 번, 〈능허대기凌虛臺記〉는 2만 5백 번을 읽었다. 〈귀신장鬼神章〉은 1만 8천 번, 〈의금장衣錦章〉은 2만번, 〈보망장補亡章〉도 2만 번, 〈목가산기木假山記〉는 2만 번, 〈제구양문祭歐陽文〉은 1만 8천 번을 읽었다. 〈설존의송원수재薛存義送元秀才〉와 〈주책周策〉은 1만 5천 번, 〈중용서中庸序〉는 2만 번, 〈백리해장百里奚章〉은 1만 5천 번을 읽었다. 갑술년(1634)부터 경술년(1670)

까지 읽은 횟수다. 그러나 그 사이에 《장자》와 《사기》, 《대학》과 《중용》은 많이 읽지 않은 것은 아니나, 읽은 횟수가 만 번을 채우지 못했기 때문에 이 글에는 싣지 않는다. 만약 뒤의 자손이 내 〈독수기讀數記〉를 보게 되면, 내가 독서에 게으르지 않았음을 알 것이다. 경술년 늦여름, 백곡 늙은이는 괴산 취묵당醉默堂에서 쓰노라.

– 〈독수기〉

일만 번 이상 읽는 책만 헤아려도 36권에 달한다. 특히 〈백이전〉을 너무 좋아해서 자그마치 1억 1만 3천 번 읽었다고 고백하고 있다. 이를 기념해 그는 자신의 서재 이름을 억만재億萬齋로 짓기도 했다. 하지만 한 개인이 아무리 열심히 읽는다고 해도 1억 1만 3천 번은 황당하고 믿기 어렵다. 하루에 열 번씩 읽어도 십 년이면 삼만육천오백 번에 불과한데 어떻게 1억 번을 읽을 수가 있을까? 실은 당시의 단위로 1억은 십만에 해당한다. 그러니깐 1억 1만 3천 번은 지금의 계산법으로 하면 11만 3천 번이다.

그는 《사기史記》의 〈백이전〉을 너무 좋아했다. 먼저 세상을 떠난 딸의 장례 행렬을 따라가면서도 〈백이전〉을 손에서 놓지 않았고, 아내의 상중喪中에 일가친척들이 애고 애고 곡을 할 때 그 소리에 맞춰 〈백이전〉을 읽었다고 한다. 〈백이전〉에서 사마천은 의롭게 살고도 불행하게 죽은 백이 같은 인물과 악행을 저지르면서도 평생 부귀하게 살다간 도척같은 존재를 대비하면서 하늘의 도는 정말로 존재하는지를 묻고 있다. 공정한 도가 행해지지 않는 현실에 대한 사마천의 물음은 온갖 노력에도 과거에 번번이 떨어진 자신의 처지와 맞물려 큰 울림을 주었던 듯하다.

김득신의 독서량은 오로지 열정과 집념이 빚어낸 결과물이었다. 그는 앎에 이를 때까지 읽고 또 읽었다. 하지만 그의 무한정의 반복 독서법은 오늘날 상황에서는 고개를 갸웃하게 만들기도 한다. 분야가 다양하고 창의력과 상상력을 중요하게 여기는 지금의 시대에 무조건 외우는 독서법은 적합해 보이지 않는다. 이와 관련해 다산 정약용은 "문자와 책이 존재한 이후 상하 수천 년과 종횡 삼만 리를 뒤져보아도 부지런히 독서한 사람으로 김득신을 으뜸으로 삼을만하다"라고 극찬을 하면서도 뒤이어 다음과 같이 의문을 품는다.

비록 그러나 그윽이 생각해 보건대, 독서를 잘 하는 선비라면 하루에 〈백이전〉을 1백 번은 읽을 것이다. 그렇다면 1년에 3만 6천 번은 읽을 수 있어서 3년을 계산하면 겨우 1억 8천 번을 읽을 수 있다 하겠으나, 그 사이에 질병의 우환과 오고 가는 왕래가 어찌 없을 수 있겠는가? 더구나 백곡으로 말하면 독실하게 실천하는 군자였으니, 그가 어버이를 효도로 섬기되 아침저녁으로 안부를 살피고 질병을 잘 간호하고 맛있는 음식으로 봉양하는 일에서도 모두 충분히 날짜를 허비하였을 것이고 보면, 4년이 아니고는

1억 1만 3천 번을 읽을 수가 없다. 이와 같은 〈백이전伯夷傳〉만도 이미 4년의 세월이 소요되는데, 어느 겨를에 여러 책을 저토록 읽었단 말인가? 나는 생각건대, 《독서기》는 백곡柏谷이 직접 쓴 것이 아니라, 그가 작고한 뒤에 누가 그를 위하여 그 전해 들은 말을 기록한 것으로 생각된다. 백곡의 시詩에, "한유 문장 사마천 사기 천 번을 읽고서야 / 금년에 겨우 진사과에 합격했네" 하였으니, 이 시가 그 실제實際를 말한 것이다.

- 정약용, 〈김백곡독서변金柏谷讀書辨〉

다산은 합리적으로 생각할 때 〈백이전〉을 1억 1만 3천 번 읽은 행위를 도저히 믿을 수 없으므로 부풀려진 이야기라고 생각했다. 이덕무도 암기만 하는 그의 공부가 실제 쓸모를 갖지 못한다고 비판하기도 했다. 하지만 자신이 머리가 나쁜 것을 잘 알고, 낙담하지 않고 남보다 수십 배 노력해서 목표에 이른 김득신의 집념은 실로 대단한 것이었다. 그의 후손인 김유헌金由憲은 〈독수기〉를 읽고 나서 다음과 같이 말했다.

옛 나의 선조 백곡 어르신은 말년까지 부지런히 수많은 책을 손수 베껴 쓰고, 늙어서도 독서를 게을리하지 않아 백 번, 천 번 혹은 만 번, 억 번에 이르도록 읽으셨다. 글의 맥락을 알 수 있는 복선이 담겨 있는 곳은 줄을 긋고 둥근 점을 이어 놓았다. 이치와 뜻이 담겨 있는 곳에는 행서行書와 초서草書의 글씨로 옆에 주석을 달아놓았다. 정중히 필적을 살펴보면, 쇠바늘과 은 철사가 살아 움직이는 것만 같다.

– 김유헌, 〈서독수기후書讀數記後〉

김득신의 공부 방법은 베끼면서 읽고 또 읽는 것이었다. 중요한 부분은 밑줄을 긋고 중요한 뜻이 담겨 있는 곳은 별도로 메모를 했다. 이러한 그의 독서법은 안철지면眼徹紙面이라 부를 만하다. 눈빛이 종이를 뚫는다는 뜻으로, 눈빛이 종이를 꿰뚫을 정도로 정확하고 자세하게 책을 읽은 것을 말한다. 그리하여 김득신은 부지런히 공부한 결과 늦깎이에 비로소 과거에 급제하고, 가선대부까지 올랐다. 만년에 그는 두 칸의 초가로 된 취묵당醉墨堂의 억만재 서재에서 수천, 수만 번의 책을 읽으며 살다가 생을 마쳤다.

노둔함의 힘

그가 과거에 합격한 나이는 59살이었다. 상당히 늦은 나이에 꿈을 이룬 것이다. 하지만 세계 철학사를 뒤흔든 칸트도 오십대가 되어서야 책을 발간했다고 한다. 포기하지 않고 노력해서

늦은 나이에 성취를 이룬 역사상 인물들은 많았다.

머리가 나빠도 꾸준하게 성실과 끈기로 살아가는 것을 옛사람은 노둔함이라고 말했다. 노둔함은 미련한 듯 보이지만 기초를 단단하게 만들어서 성취의 길로 이끈다. 언제 목표를 이루었느냐가 중요한 것이 아니다. 때가 언제든 간에 꿈을 이루었느냐의 여부가 중요한 것이다. 김득신의 독서법은 우리로 하여금 머리 탓을 하지 말고 자신이 꿈을 위해 얼마나 성실하게 노력하고 있는지를 돌아보라고 말해준다.

훌륭한 리더는 똑똑하고 재능이 뛰어난 사람이 아니다. 자신의 능력을 겸허히 인정하고, 인내로써 사람을 다독여가는 자이다. 리더십은 목표를 이루기까지 포기하지 않고 끝까지 인내하며 도전하는 자세를 필요로 한다. 책에 미친 김득신의 삶은 비록 둔하고 미련해 보일지 모르나, 목표를 이루기까지 우직하게 도전하는 끈기의 리더십을 보여준다고 하겠다.

"정치를 하려면 반드시 널리 책을 읽어
 이치를 깨닫고 마음을 바로잡아야
 치국과 평천하의 효과를 낼 수 있다.
 구리로 글자를 만들어 서적을 인쇄해
 널리 퍼뜨리면 그 이로움이 끝이 없을 것이다."
-《세종실록》

세종은 어린시절부터 한 번 책을 읽으면 읽은 횟수를 표시해 가면서 반복해서 읽는 반복의 독서를 실천했다.《세종실록》에 따르면, "글은 읽지 않은 것이 없으며, 무릇 한 번이라도 귀나 눈에 거친 것이면 종신토록 잊지 않았는데, 경서를 읽는 데에는 반드시 백 번을 넘게 읽고, 자사子史는 반드시 30번을 넘게 읽고, 성리학을 정밀하게 연구하여 고금에 모든 일을 통달하셨다."라고 증언하고 있다.

民 백성 민
눈을 찔러 장님을 만든 형상으로 아는 것이 없는 사람들이라는 뜻이다. 세종은 무지한 백성을 눈뜨게 하려고 훈민정음을 만들었다.

책으로 나라를 경영하다,
세종대왕의 소통의 리더십

　　조선의 4대 임금인 세종대왕1397~1450은 사회, 문화, 정치 등 다방면에 걸쳐 조선 역사상 가장 찬란한 업적을 이룩한 분이다. 천민 출신인 장영실을 등용하여 혼천의, 측우기, 해시계, 자격루를 발명했으며, 《농사직설》, 《향약집성방》, 《자치통감훈의》, 《삼강행실》, 《효행록》, 《고려사》 등 각종 서적을 간행하였다. 경자자, 갑인자, 병진자 등의 활자를 주조하여 출판 중흥의 시대를 열었으며, 야인을 정벌하고 6진을 설치하는 등 조선의 영토를 확장했다. 나아가 당악 향악 등의 악보 악기의 정리와 제작, 조선통보의 주조, 새로운 천문도 제작에 이르기까지 조선을 동아시아 최고의 과학 강대국으로 만든 위대한 지도자이자, 백성을 최우선으로 두고 선정善政을 펼친 성군聖君이었다. 사대부들의 결사반대를 물리치고 집현전 학자들의 도움을 받아 만든 훈민정음은 세계에서 가장 우수한 문자로 손꼽히고 있다. 이같이 세종대왕을 우리나라 역사상 최고의 리더로 만든 기반은 남다른 독서열이었다. 조선 시대에 책을 가까이하지 않는 왕은 없었을 테지만 세종은 특별히 독서광이라 불러도 좋은 호학好學의 군주였다.

본래 세종은 셋째 왕자였기에 왕위에 오를 자격이 되지 않았다. 그럼에도 태종이 훗날의 세종인 셋째 왕자 충녕대군을 세자로 책봉한 것은 그의 책 읽는 습관이 큰 이유였다.

> 충녕대군忠寧大君은 천성天性이 총명하고 민첩하고 자못 학문을 좋아하여, 비록 몹시 추운 때나 몹시 더울 때에도 밤이 새도록 글을 읽으므로, 나는 그가 병이 날까봐 두려워하여 항상 밤에 글 읽는 것을 금지하였다. 그러나, 나의 큰 책冊은 모두 청하여 가져갔다. (중략) 충녕은 비록 술을 잘 마시지 못하나 적당히 마시고 그친다. 또 그 아들 가운데 장대壯大한 자가 있다. 효령 대군은 한 모금도 마시지 못하니, 이것도 또한 불가하다. 충녕대군이 대위大位를 맡을 만하니, 나는 충녕으로서 세자를 정하겠다.
>
> -《태종실록》태종 18년 무술(1418) 6월 3일(임오).

충녕대군이 총명하고 학문에 게으르지 않아 밤낮으로 글을 읽고 정치에 대한 큰 흐름을 알았으며 아들 중에 크게 될 자격을 지녔으니, 충녕을 세자로 삼겠다는 태종의 언급이다. 첫째 왕자인 양녕과 둘째 형인 효령이 있었음에도, 셋째인 충녕이 세자의 자리에 오른 건 충녕의 어진 성품과 더불어 총명함을 뒷받침하는 독서열이 가장 큰 요인이었다.

태종의 말에서도 보듯이 세종은 어린 시절부터 오로지 책만 읽었다. 다음은 세종의 독서벽과 관련한 유명한 일화이다.

> 임금이 잠저潛邸(왕위에 오르기 전에 살던 집)에 있을 때부터 학문을 좋아하고 게을리하지 않아서, 일찍이 가벼운 병환이 있을 때에도 독서를 그치지 아니하므로, 태종께서 작은 환관을 시켜서 그 서책을 다 가져다가 감추게 하고 다만 구소수간歐蘇手簡만을 곁에 두었더니, 드디어 이 책을 다 보셨다. 즉위하심에 이르러서는 손에서 책을 놓지 않아, 비록 수라를 들 때도 반드시 책을 펼쳐 좌우에 놓았으며, 혹은 밤중이 되도록 힘써 보시고 싫어하지 않으셨다. 일찍이 가까운 신하에게 말하기를, "내가 궁중에 있으면서 손을 거두고 한가롭게 앉아 있을 때는 없다."하셨으니, 이러하시기 때문에 경서에 널리 통하셨고, 심지어는 본국 역대의 사대문적事大文籍에 이르기까지 보시지 않은 것이 없었다. 또 가까운 신하들에게 말하기를, "내가 서적을 본 뒤에는 잊어버리는 것은 없다." 하셨으니, 그 총명하심과 학문을 좋아하시는 것은 천성이 그러하셨던 것이다.
>
> -《세종실록》세종 5년 계묘(1423) 12월 23일(경오).

세자 시절부터 세종은 밤낮으로 책 읽기를 즐겼다. 심지어는 병이 생겨도 책 읽기를 멈추지 않자 이를 걱정한 태종이 한 권의 책만 남기고 모두 감추게 했다. 이와 관련해서는 서거정이 지은 《필원잡기》에 더욱 자세하다. 세종이 어려서부터 몸이 허약했음에도 책 읽기를 그치지 않은 탓에 병이 갈수록 심해졌다. 이를 염려한 태종이 내시에게 세종의 처소에 있는 책을 모두 거두어 오라고 명령했다. 하지만 구양수와 소동파가 쓴 편지글을 모은 책인 《구소수간》 한 권은 병풍 뒤에 있던 탓에 남아 있게 되었다. 세종은 이 책을 천백 번이나 읽었다고 한다. 세종은 병중에도, 밥 먹을 때에도, 한밤중에도 때와 장소를 가리지 않고 손에서 책을 놓지 않았다. 궁중에 있는 동안 손을 거두고 한가롭게 앉아 있을 때가 없었다고 고백한 데서도 알 수 있듯이 세종대왕은 자타가 공인하는 책벌레였다.

독서는 나라 경영의 지혜

세종은 어린시절부터 한 번 책을 읽으면 읽은 횟수를 표시해 가면서 반복해서 읽는 반복의 독서를 실천했다. 《세종실록》에 따르면, "글은 읽지 않은 것이 없으며, 무릇 한 번이라도 귀나 눈에 거친 것이면 종신토록 잊지 않았다. 경서를 읽는 데에는 반드시 백 번을 넘게 읽고, 자사子史는 반드시 서른 번을 넘게 읽고, 성리학을 정밀하게 연구하여 고금의 모든 일을 통달하셨다."라고 증언하고 있다. 세종은 손에서 책을 놓은 적이 없었으며, 경서는 반드시 백 번을 넘게 읽었다. 한 권의 책을 반복해서 읽는 것은 책의 이치를 하나로 꿰뚫기 위함이었다. 이른바 관통貫通의 독서이다.

> 경연에 나아가서 강론하다가, "지금 사람들이 글을 읽어서 한유漢儒만큼 얻음이 있어도 좋겠다. 한유들은 각각 한 가지 학문만 오로지하였기 때문에 극히 자세히 보고 깨우쳤는데, 지금 사람은 겨우 이것 한 가지를 보고는 또 저것 하나를 보기를 요구하므로, 나중에 도무지 연구해 얻음이 없다."고 한 말에 이르러, 임금(세종)이 말씀하셨다. "이것이 내가 학자들을 위해 근심하는 것이다. 사서·오경·백가 제사百家諸史 등을 어찌 하나같이 정밀하고 익숙할 수 있겠는가. 지금 학자들이 사서·오경을 두루 익히고자 하므로 소득이 없을 것은 명백하다. 반드시 정숙精熟하여 관통貫通하고자 하면 경전에 전심하는 학문만 같지 못하다."
> - 《세종실록》세종 15년 계축(1433) 2월 2일(병술).

세종은 경서는 물론, 역사서, 역서譯書 등 다양한 분야의 책을 널리 읽었다. 하지만 이것저것 대충 읽으면 소득이 없다고 생각했다. 무조건 많이 읽는다고 해서 좋은 효과를 얻는 것은 아니다. 꼼꼼하게 파고들어 글뜻을 끝까지 이해할 때 새로운 깨달음을 얻는다. 세종은 책의 내용을 완벽하게 깨우쳐 처음과 끝을 꿰뚫는 관통의 독서를 강조했다.

그렇다고 해서 세종의 독서가 단지 정보를 얻거나 지적 욕구를 충족시키려는 것은 아니었다. 세종은 책을 통해 나라를 경영하는데 필요한 실제의 도움을 얻고자 했다.

> 내가 경서와 사기는 보지 않은 것이 없고, 또 지금은 늙어서 능히 기억하지 못하나 지금에도 오히려 글 읽는 것을 치우지 않는 것은 다만 글을 보는 동안에 생각이 일깨워져서 여러 가지로 정사에 시행되는 것이 많기 때문이다. 이로써 본다면 글 읽는 것이 어찌 유익하지 않으랴.
>
> -《세종실록》세종 20년 3월 19일 계묘.

> 정치를 하려면 반드시 널리 책을 읽어 이치를 깨닫고 마음을 바로잡아야 치국과 평천하의 효과를 낼 수 있다. 구리로 글자를 만들어 서적을 인쇄해 널리 퍼뜨리면 그 이로움이 끝이 없을 것이다.
>
> -《세종실록》세종 15년 2월 2일 병술.

정치를 잘하고 나라를 제대로 경영하려면 반드시 책을 읽어야 한다. 책을 읽어서 세상의 이치를 깨닫고 마음을 바로잡으면 나라가 제대로 다스려지고 천하가 태평하게 된다. 세종은 동활자 등을 비롯한 새로운 활자를 제작하여 책이 더욱 널리 보급되도록 노력했다.

세종은 독서의 효과를 극대화하기 위해 거의 매일 경연을 열었다. 경연은 왕에게 경사經史를 가르쳐 유교의 이상 정치를 실현하려는 목적으로 시행한 제도이다. 유학 경전이나 중국 및 우리의 역사책을 교재로 한 일종의 토론 문화이다. 세종은 재위 이십여 년 동안 이천여 회의 경연을 열어 신하들과 활발한 토론을 펼쳤다. 역대 조선의 왕들 가운데 가장 많은 학술 강연이었다. 독서토론을 통해 각자의 의견을 듣고, 생각을 교정하고, 더 나은 방향을 제시함으로써 나라를 다스리고 천하를 태평하게 하는 방책을 얻었다.

세종은 신하들의 의견을 함부로 무시하거나 권위로 억누르지 않았다. 자신과 견해를 달리하는 신하들의 생각을 존중하고 주의깊게 들었다. 자신이 왕이라고 해서 독단적으로 결정하지 않고 활발한 토론을 거쳐 중지衆智를 모아갔다. 세종의 소통의 리더십 덕분에 경연장은 활발한 정치 토론장이 되었으며 국가경영을 위한 좋은 아이디어가 자유롭게 쏟아졌다.

독서휴가제를 만들다

세종은 인재를 등용하는 일 못지않게 인재를 양성하는 일도 중요하게 여겼다. 인재를 키우는 가장 좋은 방법은 책을 읽게 하는 것이었다. 젊고 능력 있는 학자들이 업무에 쫓겨 책을 읽지 못한다는 것은 불행한 일이었다. 그리하여 평소 눈여겨본 젊은 학자들에게 조용히 공부할 기회를 주어야겠다고 마음먹었다.

어느 날 세종은 집현전 학사인 권채와 신석견, 남수문 등을 불러 다음과 같이 명령했다.

> 내가 너희들에게 집현관集賢館을 제수한 것은 나이가 젊고 장래가 있으므로 다만 글을 읽어서 실제 효과가 있게 하고자 함이었다. 그러나 각각 직무로 인하여 아침저녁으로 독서에 전심할 겨를이 없으니, 지금부터는 본전本殿에 출근하지 말고 집에서 전심으로 글을 읽어 성과를 나타내어 내 뜻에 맞게 하고, 글 읽는 규범에 대해서는 변계량卞季良의 지도를 받도록 하라.
>
> -《세종실록》세종 8년 병오(1426) 12월 11일 경오.

세종은 바쁜 업무로 책 읽을 시간이 없는 젊은 신하들에게 휴가를 주어서 책을 읽을 수 있도록 배려했다. 이를 사가독서제賜暇讀書制라 한다. 휴가를 내려 독서하는 제도란 뜻이다. 일종의 독서휴가제를 만들어 젊은 학자들이 아무런 외부 간섭을 받지 않고 오직 독서에만 전념할 수 있도록 제도적 장치를 마련했다. 사가독서제는 처음엔 자택에서 공부하도록 했다. 그런데 사가독서를 마치고 돌아온 한 신하가 산속의 절만큼 독서하기 좋은 곳이 없다고 보고했다. 세종은 성삼문, 신숙주 등에게는 아예 절로 들어가 공부하라고 지시했다. 이를 상사독서上寺讀書라고 한다. 유학자에게 절로 들어가라고 명령을 내렸으니, 세종에겐 독서에 적합하다면 장소의 좋고 싫음 여부는 문제가 되지 않았다.

사가독서는 후대의 왕들에게 계승되었다. 폐지되었다가 다시 부활하는 등 부침을 겪긴 했지만 전문독서연구소라 할 독서당讀書堂이라는 이름으로 상설기구화되었다. 사가독서에 선발되는 인원은 보통 6명 안팎이었으며, 많을 때는 12명까지도 뽑혔다. 선발된 학자들은 조용한 곳에서 오직 독서에만 몰두하면서 백성과 나라를 경영하는 문제를 고민하였다. 사가독서제가 폐지되는 영조 49년에 이르기까지 총 48회에 걸쳐 320명의 젊은 인재들이 사가독서에 선발되었다. 사가독서에 뽑힌 문신들은 남의 눈치를 보지 않고 학문에 전념할 수 있었고 배운 내용을 실제 현실에 적용하여 당대 정치 현실에서 크게 활약했다.

이같이 세종대왕의 탁월한 업적 기반은 책 읽기에 있었다. 독서가 가장 유익하다고 생각한 세종은 몸과 마음을 수양하고 나라를 경영하는 모든 근원을 책 읽기에서 찾았다. 아침부터 밤늦도록 수불석권_{手不釋卷}했으며, 배운 바를 국가경영에 적용했다. 훈민정음의 창제는 세종의 책 사랑과 애민정신이 낳은 최고의 결정체라 하겠다.

經 경서 경
본래 베틀 사이로 날실(세로줄)이 지나가는 모습을 나타냈다. 실로 위어 만든 책이라는 의미에서 경서의 뜻이 나왔다.

"그저 읽기만 하면 하루에 천 번 백 번을 읽는다
해도 읽지 않은 것과 같다.
무릇 책 읽기는 매번 한 글자라도
뜻이 분명치 않은 곳과 만나면 널리 고증하고
자세히 살펴 그 근원을 얻어야 한다.
그리고 나서 차례차례 설명하여 글로 짓는 것을
날마다 일과로 삼아야 한다."
-〈학유에게 부치다 寄游兒〉

다산은 작은 의문 하나도 허투루 넘기지 말고 밑바닥까지 철저하게 살피고 조사하는 공부를 하라고 말한다. 밑바닥까지 캐내는 독서 공부가 소득이 있는 공부이다. 다산의 책 읽기는 건성건성 통독하는 읽기가 아니라 뿌리까지 탐구하는 정독의 읽기다. 그럼으로써 세계의 진실을 더욱 깊이 알게 되고 한 모서리를 미루어 나머지 세 모서리를 이해하는 데로 확장된다.

勤 부지런할 근
본래 힘써 부지런히 진흙을 이겨 바른다는 뜻이다.
다산은 부지런할 근(勤)을 가장 가치있는 덕목으로 꼽았다.

밑바닥까지 캐는 독서,
다산 정약용의 격려의 리더십

> 독서, 이것이야말로 인간 세상의 가장 맑은 일이다. 讀書, 是人間第一件淸事.
>
> – <두 아들에게 寄二兒>

독서의 가치를 이보다 운치 있게 표현한 말이 있을까 싶다. 차를 마시는 일, 음악을 듣는 일, 한가히 거니는 일 등 세상에 우아하고 향긋한 일은 많다. 그러나 독서야말로 세상에서 가장 아름답고 맑은 행위이다.

윗글은 다산 정약용이 강진에 귀양 가 있던 시절에 두 아들에게 보낸 당부의 말이다. 다산은 한국 문학사에서 자그마치 5백여 권의 저술을 남긴 탁월한 저술가이다. 실학을 집대성한 대학자이자 문학, 의학, 정치, 경제, 과학 등 다방면에서 재능을 보인 조선의 레오나르도 다빈치이다.

독서는 인간의 본분

다산은 어려서부터 폭넓은 책을 읽었다. 무척 영리하고 기억력이 뛰어나서 공부한 것은 반드시 기억했다. 그와 관련한 재미있는 일화가 황현의 《매천야록》에 다음과 같이 전한다.

조선 후기의 문장가이자 재상이었던 강산 이서구李書九, 1754~1825가 대궐로 오는 도중에 한 소년이 책을 한 짐 지고 북한사로 가는 것을 보았다. 열흘 후 고향에 오는 길에 그 소년이 또 책을 한 짐 지고 오는 것을 보았다. 이상하게 여긴 강산이 물었다. "너는 어찌하여 책은 읽지 않고 부산스레 오가느냐?" 소년이 공손히 대답했다. "읽기를 이미 마쳤습니다." 강산이 물었다. "짊어진 책은 무엇이냐?" "《자치통감강목》입니다." 강산은 깜짝 놀랐다. 《자치통감강목》은 중국의 역사를 다룬 방대한 분량의 책이었다. "《강목》을 어떻게 열흘 동안 읽을 수 있느냐?" "바로 읽었습니다." 그리곤 암송도 가능하다고 했다. 강산이 한 책을 뽑아 시험하니 돌아서서 외우는 것이었다.

그 소년이 바로 다산 정약용이었다. 약간의 과장도 엿보이나, 어린 시절 다산이 얼마나 총명했으며 책을 많이 읽었는지를 잘 보여주는 일화이다.

스물두 살에 과거에 급제한 다산은 이후 정조의 총애를 한 몸에 받았다. 그는 정조를 가까이서 도우며 강력한 개혁 정책을 펼쳐 나갔다. 정조가 수원 화성을 쌓을 때 설계와 공사 책임자가 되어 벽돌을 들어올리는 거중기를 발명하였으며 10년 걸릴 것으로 예상하던 축성을 2년 반만에 완성했다. 하지만 정조가 승하하자마자 신유사옥(1801)이 일어났다. 신유사옥은 권력을 잡은 노론 벽파가 천주교를 다수 믿고 있던 남인을 제거하기 위해 일으킨 천주교도 박해사건이다. 천주교를 믿고 있던 다산 집안은 풍비박산이 났다. 셋째 형은 참수형을 당했고 둘째 형은 유배형에 처해졌으며 막내였던 다산은 강진으로 유배를 당했다. 그로부터 다산은 장장 18년간의 귀양살이를 하게 되었다.

귀양지인 강진에 도착한 다산은 1803년 한양에 있는 두 아들인 학연과 학유에게 편지를 썼다. 다산은 두 아들에게 자신들이 망한 가문인 폐족廢族임을 말해주고 망한 가문을 일으켜 세우는 길은 오직 독서뿐임을 강조했다. 독서야말로 인간이 할 수 있는 가장 맑은 일이라고 힘주어 말했다. 그러면서 두 아들에게 너희들이야말로 진짜 독서를 할 수 있는 최고의 조건을 갖추었다고 용기를 주었다. 그 이유인즉 부잣집 자제들은 독서의 참맛을 알기가 어렵고, 시골의 젊은이는 그 깊은 경지를 알기 어렵다는 것이다. 벼슬한 집안의 자제로서 어려서부터 배운 바가 있는 데다 인생에서 어려운 일을 겪은 사람이라야 제대로 된 독서를 할 수 있다는 것이다. 다산은 일정한 식견을 갖추고 있으면서 삶의 과정에서 고통과 시련을 겪은 자만이 독서의 맛을 제대로 알 수 있다고 생각했다. 다산에게 독서는 단순히 글자를 들여다보는 행위가 아니었다. 독서는 나를 돌아보게 하고 세상을 알게 하고 우주의 이치를 깨닫게 하는 일이었다. 그리하여 다산은 말한다.

오직 독서 하나만이 위로는 성현을 쫓아 나란히 할 수 있고 아래로는 뭇 백성을 오래 일깨울 수 있다. 귀신의 실체를 환히 알고 왕도와 패도의 계책을 환히 이끈다. 날짐승과 벌레의 무리를 초월하여 큰 우주를 지탱한다. 독서야말로 우리의 본분이다.

― 〈윤혜관에게 주다 爲尹惠冠贈言〉

밑바닥까지 캐는 독서

다산은 올바른 독서를 위해선 글 속의 뜻을 깊이 깨달아야 한다고 말한다. 뜻을 얻지 못하면 날마다 천 권의 책을 독파한다고 해도 담벼락을 마주하고 있는 것과 다름없다. 그리하여 다산은 자식에게 밑바닥 뿌리를 캐는 독서를 강조했다.

내가 수년 이래로 독서에 대해 자못 알게 되었다. 그저 읽기만 하면 하루에 천 번 백 번을 읽는다 해도 읽지 않은 것과 같다. 무릇 책 읽기는 매번 한 글자라도 뜻이 분명치 않은 곳과 만나면 널리 고증하고 자세히 살펴 그 근원을 얻어야 한다. 그러고 나서 차례차례 설명하여 글로 짓는 것을 날마다 일과로 삼아야 한다. 이렇게 하면 한 종류의 책을 읽어도 곁으로 백 종류의 책을 함께 들여다보게 될 뿐 아니라 본래 읽던 책의 의미도 분명하게 꿰뚫어 알 수가 있게 되니 이 점을 알아두지 않으면 안 된다. 예를 들어 《사기》의 〈자객열전〉을 읽는다고 하자. '조祖를 마치고 길에 올랐다既祖就道'라는 한 구절을 보고, "조祖가 뭡니까?"하고 물으면, 선생님은 "전별할 때 지내는 제사다"라고 하실 것이다. "하필 할아버지 조祖자를 쓰는 것은 어째서인가요?"라고 물으면, 선생님은 "잘 모르겠다"고 하시겠지. 그런 뒤에 집에 돌아오거든 사전을 뽑아다가 조祖자의 본래 의미를 살펴보아라. 또 사전을 바탕으로 다른 책으로 옮겨가 그 풀이와 해석을 살펴, 뿌리를 캐고 지엽을 모은다. 또 《통전通典》이나 《통지通志》, 《통고通考》 등의 책에서 조제祖祭를 지내는 예법을 찾아보고, 한데 모아 차례를 매겨 책을 만든다면 길이 남는 책이 될 것이다. 이렇게만 한다면 전에는 한 가지 사물도 모르던 네가 이날부터는 조제의 내력을 훤히 꿰는 사람이 될 것이다. 비록 큰 학자라 해도 조제 한 가지 일에 있어서만은 너와 다투지 못하게 될 테니 어찌 크게 즐겁지 않겠느냐? 주자의 격물

格物 공부도 다만 이와 같았다. 오늘 한 가지 사물을 궁구하고, 내일 한 가지 사물을 캐는 것도 또한 이처럼 시작하는 것이다. '격格'이란 밑바닥까지 다 캐낸다는 뜻이다. 밑바닥까지 다 캐지 않는다면 또한 유익되는 바가 없다.

– 〈학유에게 부치다 寄游兒〉

그저 무턱대고 많이 읽는다고 해서 책을 읽은 게 아니다. 그런 읽기는 시간만 낭비할 뿐, 읽지 않은 것과 다름없다. 연암 박지원은 한발 더 나아가 생각 없는 읽기는 좀 오줌과 쥐똥을 모으는 일에 불과하다고 비꼰 바 있다. 제대로 된 읽기는 한 글자도 남김없이 글의 근원을 이해하는 것이다. 먼길을 떠나는 사람이 무사히 돌아오기를 바라는 제사에 사용하는 조祖 자의 근원을 캐내는 공부를 하다 보면 조제의 내력을 훤히 꿰뚫을 수가 있게 되고 아무도 뛰어넘지 못하는 전문가의 안목을 기를 수가 있는 것이다. 이같이 그 뿌리까지 캐내는 독서 공부가 격물格物의 공부다.

다산은 작은 의문 하나도 허투루 넘기지 말고 밑바닥까지 철저하게 살피고 조사하는 공부를 하라고 말한다. 밑바닥까지 캐내는 독서 공부가 소득이 있는 공부이다. 다산의 책 읽기는 건성건성 통독하는 읽기가 아니라 뿌리까지 탐구하는 정독의 읽기다. 그럼으로써 세계의 진실을 더욱 깊이 알게 되고 한 모서리를 미루어 나머지 세 모서리를 이해하는 데로 확장된다. 생각은 더욱 넓어지고 주견을 갖추면서도 유연한 생각을 펼치게 된다.

그러나 다산은 모든 종류의 책에 대해 철저히 파고드는 독서를 주장하지는 않는다. 세상에 보탬이 되지 않는 책을 읽을 땐 구름 흘러가고 물 흐르듯 읽어도 좋다. 그러나 백성과 나라에 도움 주는 책을 읽을 때는 단락마다 이해하고 구절마다 깊이 따져야 하며 대낮 창가에서 졸음을 쫓는 방패막이로 삼아서는 안 된다. 다산의 독서는 현실과 깊은 관련을 맺고 있다. 다산의 독서 목적은 백성을 구제하고 세상을 바로잡는 경세치용經世致用의 실천에 있었다.

단점을 장점으로 바꾸다

다산은 꼼꼼하고 다양하게 책을 읽음으로써 세상과 현실에 대한 이해를 넓혀갔다. 그러나 그의 독서는 단순히 지식 확장에 그치지 않았다. 내면을 더욱 성장하게 하고 사람을 더욱 깊이 이해하는 데로 나아갔다. 특히 다산은 이른바 다산학단茶山學團을 형성할 만큼 수많은 제자 그룹을 길러냈다. 단순히 다그치기만 하는 것이 아니라 제자의 장점을 발견하여 부족한 점을 격려해주고 다독이면서 실력을 갖춘 인물로 성장하도록 이끌었다. 나는 이것을 다산의 격려의 리더십이라고 부른다.

다산은 양반 자제, 승려, 평범한 동네 청년 등 계층과 신분을 넘나드는 다양한 제자를 키워냈다. 18년간의 귀양살이 동안 오백여 권이 넘는 책을 저술했으니 진정한 독서왕이자 저술가라 부를 만하다. 특히 그가 평범하고 우둔했던 시골 소년을 뛰어난 시인으로 길러낸 사연은 진정한 리더십의 덕목을 일깨워준다.

전라도 강진으로 유배 온 다산은 좌절하면서 세월을 허비하기보다는 작은 일부터 하기로 했다. 주막집의 골방에 서당을 열고 아이들을 가르치기 시작했다. 그중에는 열다섯 살의 더벅머리 소년인 황상이 있었다. 황상은 전형적인 시골의 촌 아이였다. 아명兒名인 산석山石에서도 알 수 있듯이 그는 우직하고 단순했다. 하지만 배우려는 마음만은 누구 못지않았다. 다산의 문하생이 된 지 일주일 후, 다산은 황상의 성실함과 우직함을 눈여겨보았다. 다산은 조용히 황상을 불러 문장을 공부해 보는 것이 어떻겠냐고 물었다.

황상은 흠칫 놀랐다. 학문을 제대로 접해본 적이 없는 자신에게 글을 배우라고 하니 덜컥 겁이 났다. 황상은 머뭇머뭇 사양하며 자신이 얼마나 아둔하고 보잘것없는 사람인지를 말씀드렸다. "스승님, 제가 세 가지 흠이 있습니다. 첫째는 둔한 것이고, 둘째는 막힌 것이며, 셋째는 답답한 것입니다."

그러자 다산은 빙긋이 웃으며 다음과 같이 말해주었다. "배우는 사람에게 세 가지의 큰 흠이 있는데 네게는 그것이 없구

나. 첫째, 외우는데 민첩하면 그 폐단이 소홀한 데 있다. 둘째 글짓기에 날래면 그 폐단이 가벼운 데 있다. 셋째 깨달음이 재빠르면 그 폐단은 거친 데 있다. 둔한데도 뚫는 사람은 그 구멍이 넓어지고, 막힌 것을 트게 하는 자는 그 흐름이 성대해진다. 답답한데도 연마하는 사람은 그 빛이 반짝반짝 빛나게 된다. 뚫는 것은 어떻게 해야 할까? 부지런해야 한다. 틔우는 것은 어찌하나? 부지런해야 한다. 연마하는 것은 어떻게 할까? 부지런해야 한다. 네가 어떻게 부지런해야 할까? 마음을 굳게 잡아야 한다."

다산은 제자의 마음을 헤아렸다. 황상은 그저 시골뜨기 평범한 소년이었다. 내로라하는 한양의 자제들에 비하면 턱없이 보잘것없었다. 그러나 다산은 제자의 말을 무시하거나 비웃지 않았다. 제자의 마음을 이해하고 그의 마음을 들여다보았다. 그리곤 용기를 북돋웠다. 다산이 제자에게 준 당부는 그저 부지런하라는 당부였다. 일명 삼근계三勤戒의 가르침!

황상은 깊이 감격했다. 저명한 스승이 하찮은 자신을 격려해주니 그야말로 자신감이 샘솟았다. 그리하여 황상은 스승의 당부를 죽을 때까지 간직한 채, 평생 스승의 곁을 지키며 스승의 삶과 학문을 부지런히 배웠다. 다산 역시 한결같은 그를 아끼며 자신의 모든 것을 가르쳐 주었다. 훗날 황상은 당대의 저명한 학자인 추사 김정희조차 깜짝 놀라게 만든 뛰어난 시인으로 성장했다. 나아가 스승의 임종을 곁에서 지켜드렸다. 스승의 뛰어난 리더십이 한 사람의 평범한 인생을 송두리째 바꾸어 놓은 것이다. 훗날 황상은 스승을 다음과 같이 회고했다.

"우리 스승님은 귀양지에서 이십 년 동안 날마다 저술에 힘써 과골踝骨, 즉 복사뼈에 구멍이 세 번 났다. 스승님께서 부지런히 공부하라 직접 가르쳐 주신 말씀이 아직도 귀에 쟁쟁한데 관 뚜껑을 덮기 전에야 어찌 그 정성스런 가르침을 저버릴 수 있겠는가?"

이른바 과골삼천踝骨三穿! 다산은 귀양살이 18년간 날마다 공부하고 저술에 힘쓰느라 복사뼈가 닿은 바닥에 구멍이 세 번이나 났다. 그런 다산은 제자에게도 늘 부지런히 공부하라는 당부를 잊지 않았다. 그를 제자로 받아들이고 나서 제자의 마음을 헤아리고 약점을 꼬집기보다 장점을 발견해내고 그 장점을 북돋워 분발하게 했다. 그리하여 한 평범한 인간의 삶을 의미 있는 인생으로 바꾸어 놓았다.

《채근담》에는 다음과 같은 말이 있다.

"남의 작은 허물을 꾸짖지 말고 남의 은밀한 비밀을 발설하지 말며 남의 지난 잘못을 마음에 두지 말라. 이 세 가지면 덕을 기르고 해를 멀리할 수 있다."

리더의 자리에서 아랫사람의 소소한 잘못까지 지적하면 소견머리가 좁아 보인다. 감추고 싶은 누군가의 속사정을 여럿 있는 데서 함부로 이야기하는 사람은 신뢰하기가 어렵다. 훌륭한 리더는 부하의 모자란 점을 소소하게 지적하고 야단치지 않는다. 오히려 장점을 발견해서 북돋워 주고 그 재능을 잘 계발하도록 이끈다. 그랬을 때 아랫사람은 윗사람을 끝까지 믿고 따르며 기대에 부응한다. 다산과 황상의 사연은 좋은 리더는 힘으로 눌러 억지로 따르게 하는 것이 아니라 마음을 움직이게 한다는 사실을 잘 보여준다.

롯 모을 집
나무 위에 여러 마리 새가 모여있는 모습을
나타냈다.

"문장은 다만 독서에 있지 않고
독서는 다만 책 속에 있지 않다.
산천운물山川雲物과 조수초목鳥獸草木의
볼거리 및 일상의 자질구레한 일들이
모두 독서다."
-《수여방필》

좋은 독서는 방안에 틀어박혀 책을 펼치는 행위가 아니다. 진정한 독서는 일상의 삶과 현실을 보고 듣고 느끼는 것이다. 항해는 눈앞에 있는 자연과 사물들, 사람들의 행위가 배움의 대상이라고 생각했다. 관념적으로 머릿속에 암기만 하는 것은 좋은 독서가 아니다. 좋은 독서는 실천으로 이어지고 삶에 적용이 되어야 한다.

知 앎 지
화살[矢]처럼 빠르게 사람의 말[口]을 알아듣는다는 뜻이다. 홍길주는 죽을 때까지 오로지 앎을 추구했다.

일상의 독서,
홍길주의 대인춘풍待人春風의 리더십

> 위험한 곳을 만나 멈추는 것은 보통 사람도 할 수 있지만 순탄한 곳을 만나 멈추는 것은 지혜로운 자만이 할 수 있다. 그대는 위험한 곳을 만나 멈췄는가? 아니면 순탄한 곳을 만나 멈췄는가? 뜻을 잃고 멈추는 것은 누구나 할 수 있지만 뜻을 얻고 멈추는 것은 군자만이 할 수 있다. 그대는 뜻을 얻고 멈췄는가? 아니면 뜻을 잃은 후에 멈췄는가?
>
> - 홍길주, 〈지지당설止止堂說〉

작품 제목인 지지止止는 멈춰야 할 곳에서 멈춘다는 뜻이다. 《주역》의 "그칠 곳에서 그치니 속이 밝아 허물이 없다.止于止, 內明無咎"라는 말에서 나왔다. 인간의 욕망은 끝이 없다. 많이 갖고 있어도 더 소유하고 싶고 많이 누리고 있어도 더 즐기고 싶다. 욕망을 제어하지 못하고 끝까지 올라가다가 추락한 이카루스처럼 한순간에 낭떠러지로 추락하는 사람들을 우리는 너무도 많이 보아왔다. '조금만 더' 하다가 이미 갖고 있는 것조차 잃어버리기도 한다. 노자는 "스스로 만족함을 알면 욕되지 않고 그칠 줄 알면 위태롭지 않다知足不辱 知止不殆."라고 했다. 자신의 자리보다 조금 모자라는 자리에 앉는 것, 적당한 선에서 멈출 수 있는 용기가 자신을 지키는 지혜가 아닐까 싶다. 욕망의 삶을 택하기보다 멈춤의 결단을 내림으로써 자신만의 세계를 열어간 이가 있으니, 19세기의 문장가 홍길주이다.

꿈속에서 시를 쓴 글쟁이

홍길주洪吉周, 1786~1841는 명망 높은 풍산 홍씨 집안에서 태어났다. 자는 헌중憲仲이고 호는 항해沆瀣이다. 그는 머리가 뛰어나 다섯 살이 되기도 전에 팔괘와 오행을 습득했다. 형인 연천 홍석주는 당대 정승까지 오른 저명한 학자였고 동생인 홍현주는 정조의 사위였으니 마음만 먹으면 출세가 보장된 길을 갈 수 있었다. 하지만 그는 세상이 추구하는 성공과 출세의 길을 가는 대신 아웃사이더의 길을 택했다. 삶의 여정에서 평강 현감, 보은 군수, 김포 군수 등을 지내긴 했으나 모두 외직이었으며 재직 기간도 짧았다. 그는 오직 평생을 독서와 글쓰기에 전념하며 살았다.

항해는 스물여섯 살 이후엔 아예 과거 시험을 포기했다. 기록에 의하면 형제 모두가 유명해지는 것을 꺼린 어머니의 만류 때문이라고 한다. 형인 연천이 큰 권력을 갖고 있는 상황에서 형제들이 모두 큰 힘을 쥐게 되면 오히려 큰 화를 당할 수가 있다고 판단한 것이다. 항해는 어머니의 말씀을 따라 권력에 관심을 뚝 끊고 과거를 단념한 채 방안에서 독서와 글쓰기를 업으로 삼았다. 쉽지는 않은 결정이었을 것이다.

얼마나 글쓰기에 몰두했던지 꿈속에서도 시를 짓고, 꿈의 내용을 덧붙여 작품을 짓기도 했다. 그는 스스로, "나는 꿈속에서 종종 시문을 짓곤 한다."라고 고백했다. 어떨 때는 꿈에서 과거 시험 답안을 짓기도 했다. 그리하여 홍길주는 꿈속의 내용을 기억해 내어 기록에 남겼다. 다음은 그가 꿈속에서 썼다는 시구詩句이다. "저녁 바람 강 언덕을 돌아나가고, 희미한 눈은 산과 연못에 떨어지네晩風廻水岸, 微雪落山池." 꿈속에서 글을 짓고 그 글을 기억해 낼 정도로 평생을 오롯이 글쟁이로 살았던 인물이 홍길주였다. 그는 딱히 특별한 취미 생활도 갖지 않은 채 그저 죽을 때까지 책을 읽고 글을 쓰며 살아갔다.

일상의 일들이 독서다

글이란 인간의 생각과 정신을 기호인 문자로 나타낸 것이다. 조선의 선비들은 글에는 성인의 정신이 담겨 있다고 생각해서 글을 통해 성인의 정신을 본받고자 했다. 글은 성인의 도를 실어주는 도구이므로 독서는 성인의 마음을 들여다보는 일이 된다. 그런데 홍길주는 독서는 문자로 된 책을 읽는 행위가 아니라고 말한다.

> 문장은 다만 독서에 있지 않고 독서는 다만 책 속에 있지 않다. 산천운물山川雲物과 조수초목鳥獸草木의 볼거리 및 일상의 자질구레한 일들이 모두 독서다.
>
> -《수여방필》

독서는 책 속에만 있지 않다. 산과 물과 구름, 새와 나무 등 일상의 모든 사물을 읽는 행위가 독서라는 것이다. 하늘과 땅 사이의 모든 자연과 사물은 그 자체로 훌륭한 글이고 문장이다. 따라서 책을 읽는다는 것은 활자로 된 문자를 들여다보는 행위가 되어선 안 된다. 자연과 일상의 사물을 꼼꼼하게 살피고 음미해야 한다. 눈앞에 펼쳐진 자연 사물이 훌륭한 문장이라면 진짜 독서는 단순히 책을 읽는 행위가 아니다. 항해의 다음 말을 보자.

공명선은 증자의 문하에 삼년을 머물면서 책을 읽지 않았다. 내가 예전에 말했다. 공명선이 《효경》과 《논어》를 읽은 것이 만 번이니 책을 읽지 않았다고 말할 수 없다. 하지만 이것은 오히려 성인을 얻어 스승으로 삼은 것일 뿐이다. 일상의 일들과 보고 듣고 하는 일들이 천하의 지극한 문장 아닌 것이 없다. 그런데도 사람들은 스스로 글이라 여기지 않고 반드시 책을 펼쳐 몇 줄의 글을 어근버근 목구멍과 이빨로 소리를 낸 뒤에야 비로소 책을 읽었다고 말한다. 이 같은 것은 비록 백만 번을 하더라도 무슨 보람이 있겠는가?

- 〈이생문고서 李生文藁序〉

공명선의 일화는 연암의 글에도 나온다. 공명선이 증자의 문하에 있으면서 삼 년 동안 한 권의 책도 읽지 않았다. 증자가 그 까닭을 묻자 공명선이 대답했다. "제가 스승께서 집에서 생활하시는 것을 보았고 스승께서 손님 접대하시는 것을 보았으며 조정에서 처신하시는 것을 보았습니다. 배웠지만 아직 능하지 못할 뿐입니다. 제가 어찌 감히 배우지도 않으면서 스승님의 문하에 있겠습니까?" 공명선은 스승의 일상을 배우면서 그 정신과 삶의 태도를 배운 것이다. 곧 좋은 독서란 방안에 틀어박혀 책을 펼치는 행위가 아니다. 진정한 독서는 삶의 현장을 보고 듣고 느끼는 체험이다. 항해는 눈앞에 있는 자연과 사물들, 사람들의 행위가 배움의 대상이라고 생각했다. 관념적으로 머릿속에 암기만 하는 것은 좋은 독서가 아니다. 좋은 독서는 실천으로 이어지고 삶에 적용이 되어야 한다.

앎은 끝이 없다

그래서일까? 항해는 죽을 때까지 더 배우고 더 알고 싶어 했다. 그가 남에게 뒤지기 싫어하는 것이 딱 하나 있었으니, 바로 앎에 대한 열망이었다. 그는 평소 남의 글을 보면 감탄하는데 그치지 않고 따라잡으려고 애썼다. 위대한 인물을 배우면 '저 사람과 나는 나이가 차이나지 않고 재주도 크게 차이나지 않는다. 저 사람이 배운 것은 모두 내가 읽은 것이고 저 사람이 하는 말은 다 내가 아는 것이다. 어찌 저 사람만이 신기한 재주를 지니고 나는 할 수 없겠는가?' 하며 그를 따라가려고 부단히 분발했다. 쉰두 살에는 다음과 같은 고백을 했다.

> "세상에서 총명해하며 아는 것이 많은 사람이 스스로 나의 지식은 이미 완전해서 다시 더할 곳이 없다고 말하는 자를 나는 믿을 수가 없다. 스스로 다 알았다고 말하는 자들은 하나도 모르거나 반도 이해하지 못한 자라고 생각한다."

항해는 앎에는 끝이 없다고 생각했다. 인간은 나이를 먹어가면서 안주하기 마련이다. 그러나 항해는 자신에게 만족하고 안주하는 자를 싫어했다. 현재보다 더 나은 내일, 지금의 나보다 더 나은 나, 나보다 더 뛰어난 자를 따라잡으려고 애쓰는 자가 되어야 한다고 생각했다. 스스로 다 안다고 말하는 사람이야말로 크게 부족한 사람이라 여겼다.

사람은 매일매일 배우려고 노력하고, 끊임없이 더 나은 내가 되려고 애쓸 때 비로소 진보할 수 있다. 나이 오십이 넘고 육십이 되었다고 해서 배움이 끝난 것은 아니다. 제각각의 생각을 품고 사는 수십억의 인간 중에서 한 개인이 지닌 지식의 범위는 연암의 표현을 빌리자면 고작 냄새나는 가죽 부대 속에 몇 글자 아는 것에 불과하다. 인간은 배우면 배울수록 자신이 얼마나 부족한가를 깨닫고 겸손해진다. 항해는 더 많이 배우려고 욕심을 부렸으며, 배울수록 더욱 너른 마음을 갖기 위해 끊임없이 정진해갔다.

남을 대할 때는 봄바람처럼

항해는 사람들과 수다를 떨기보다 집에서 조용히 책 읽기를 좋아했다. 독서를 통해 내면을 살찌워 갔는데 특히 남에게는 최대한 따뜻하고, 자신에게는 엄격했다는 점이 인상 깊다.

> 옛날에 선악이 모두 나의 스승이라고 했는데, 악의 스승 됨이 이따금 도리어 선보다 절실한 점이 있다. 사람이 선을 보고도 능히 좇지 못하고, 어진 스승이 가르쳐 주어도 능히 깨우치지 못하다가, 크게 미혹한 사람이 일 처리하는 것을 보고는 도리어 능히 나의 지혜를 격발케 된다. 이래서 크게 미혹한 사람도 조금쯤은 없어서는 안 된다.
>
> – 《수여방필》

사람들은 세계를 흑백 논리로 가르려는 경향이 있다. 선과 악, 좋은 인간과 나쁜 인간으로 단순하게 나누고서 전자는 무조건 편들고 후자는 제 마음대로 악마화한다.

하지만 항해는 다르게 보자고 이야기한다. 악의 스승 됨이 선보다 절실할 때가 있다는 것이다. 선한 행위를 보거나 좋은 스승의 가르침에도 별 감동을 느끼지 못하다가 누군가의 잘못을 보고 깨달음을 얻을 때가 있다. 그러니 세상에는 못된 사람도 조금은 필요하다. 공자는 '세 사람이 길을 가면 반드시 내 스승이 있다'고 했다. 세 사람 가운데는 나보다 나은 사람도 있지만 나보다 못한 사람도 있다. 나보다 훌륭한 사람은 그를 따르면 되고 나보다 못된 사람은 그를 반면교사삼아 바로잡으면 된다. 항해는 좋은 것과 나쁜 것을 가리지 않고 모든 존재를 배움의 대상으로 삼았다. 상대가 어떠한가 보다는 받아들이는 나의 태도가 중요하다고 보았다.

항해는 나를 힘들게 하는 사람이 나를 성장시킨다고 생각했다. 악을 통해서도 소중한 깨달음을 얻고, 악으로 대하는 사람을 통해 나를 더욱 성장시키는 계기로 삼았다. 나아가 항해는 인간은 좋은 점과 나쁜 점을 같이 지니고 있다고 생각했다. 좋은 점은 본받아서 발전의 계기로 삼고 나쁜 점은 성찰의 기회로 삼았다.

> 남의 글은 마땅히 단점을 눈감고 장점만 취해야 한다. 비록 옛사람의 글이라 해도 그러하다. 자기의 저작에 이르러서는 모름지기 가혹하게 지적하지 않으면 안 된다. 옛 사람이나 다른 사람의 글을 뽑을 때는 흠이 있다 해서 좋은 점까지 버려서는 안 된다. 만약 자기의 원고를 산정한다면 다만 가혹한 관리의 솜씨를 사용해야 한다. 진실로 석숭石崇의 집에 산호수가 있다면 왕개王愷가 내보이는 것을 비록 던져 부셔버려도 어찌 아깝겠는가?
>
> - 《수여방필》

사람을 대하는 태도가 독서 태도에서도 적용되고 있다. 남의 글이 부족하다고 해서 이러쿵저러쿵 헐뜯지 말고 장점만을 취하면 된다. 반면 자신의 글에 대해서는 가혹할 정도로 엄정하게 대해야 한다. 비유로 든 말이 재미있다. 석숭과 왕개는 부자의 대명사로 알려진 사람이다. 둘은 자신의 부유함을 자랑하기 위해 한 치도 물러서지 않고 싸웠다. 어느 날 왕개가 외삼촌이었던 황제에게 큰 산호수를 선물 받고 의기양양하게 석숭을 초대했다. 석숭은 산호수를 보자 쇠막대기로 박살을 내버렸다. 왕개는 크게 화를 냈다. 그러자 석숭이 코웃음을 치며 말했다. "이런 것쯤은 우리 집에 많으니 변상해 주겠네." 더 좋은 글이 있다면 이전의 글은 과감히 없애버려도 좋다는 비유를 말하고자 한 것이다. 항해는 여러 사상가의 문체는 제각기 장점이 있으므로 이것만을 고집하고 저것을 헐뜯어서는 안 된다고 했다.

  항해는 남에게는 최대한 너그러웠고 자신을 단속하는 데는 굉장히 엄격했다. 남에게는 최대한 좋은 점을 취해 자기 성장의 계기로 삼았으며 자신에게는 조금의 흠도 주저하지 않고 고쳤다. 《채근담》에는 "대인춘풍待人春風 지기추상持己秋霜"이란 말이 있다. 남을 대함에는 봄바람처럼 따뜻하게 하고 자신을 지킴에는 가을 서릿발처럼 엄격하라는 뜻이다. 항해는 그런 삶을 살려고 애쓴 사람이었다.

文 글월 문
문신을 새긴 무늬를 나타낸다. 인문(人文)은 사람의 무늬, 곧 인간의 다양한 무늬를 이야기하는 것이다.

> "묻고 배우는 것은 실심實心에 있고,
>   행하는 바는 실사實事에 있으니,
>   참마음으로 실제 일을 행하면
>   허물이 적고 공적을 이룰 수 있다."
> – 〈미호 선생께 올리는 제문祭渼湖金先生文〉

참마음이란 뜻의 실심實心은 선입견이나 편견을 버리고 맑고 진실한 마음을 갖는 것이다. 실심을 지니면 주체적이고 열린 마음이 되어 다른 학문과 사상을 적극적으로 받아들일 수 있다. '실제적인 일'이란 뜻의 실사實事는 실제 현실에서 진리를 찾는 태도이다. 담헌은 현실과는 거리가 먼 공허한 이론 공부가 아닌 실질적이고 현실에 도움이 되는 공부를 했다. 그리하여 주자학의 테두리에 갇히지 않고 다른 사상을 적극적으로 수용했다.

實 실제 실
집 안[宀]에 재물[貝]이 가득차 있는 모습이다. 담헌은 참마음의 실심(實心)과 실제적인 일의 실사(實事)에 특히 힘썼다.

실질의 독서,
담헌 홍대용의 실심실사實心實事의 리더십

> 대개 나 자신부터 선해야 마땅히 좋은 사람은 좋아하게 되고 악한 자는 싫어하게 되어 선한 자는 자연히 가깝게 되고 악한 자는 절로 멀어지게 될 것이다. 어찌 다른 까닭이 있겠는가? 또한 말하자면 돌이켜 제 자신에게서 구할 따름이다.
>
> – 〈자신을 깨우치는 글自警說〉

사람은 내 눈에 있는 큰 들보는 보지 못하고 남의 눈에 있는 작은 티끌을 욕한다. 내 잘못은 인정하지 않고 남의 허물만 나무란다. 잘되면 내 덕이고 안 되면 네 탓이다. 다툼의 원인을 상대방의 잘못으로만 돌린다. 그런데 저자는 먼저 나 자신이 착해져야 한다고 말한다. 내가 선한 사람이 되면 좋은 사람은 나를 가까이하고, 나쁜 인간은 나를 멀리한다는 것이다.

일상에는 분쟁과 다툼의 국면이 많다. 그럴 때는 남을 탓하기에 앞서 나 자신이 옳게 행동했는지, 상처 주는 말을 한 것은 아닌지를 먼저 돌아보아야 한다. 잘잘못을 가리기에 앞서 먼저는 나를 돌아보고 손을 내밀면 상대방도 마음을 풀기 마련이다.

글의 저자는 조선 후기 과학자이자 실학자인 홍대용洪大容이다. 호는 맑은 집이란 뜻의 담헌湛軒이다. 담湛에 대해 홍대용 자신은 '텅 비고 밝으며 넓어서 바깥 사물에 연루되지 않는 것'이라 밝히고 있다. 호에 담긴 의미처럼 담헌은 권력이나 이익, 재물을 바라지 않고 순수하고 맑은 마음으로 살려고 힘썼다.

담헌은 명문가의 후손으로 태어나 반듯한 선비로 자랐다. 거문고를 즐겨 탔으며, 본래는 기존의 질서를 충실하게 따르는 전통적인 유학자였다. 하지만 주자학에 갇히지 않는 다양한 독서 행위와 새로운 중국 여행 체험을 바탕으로 고전 시대 최고의 과학자이자 위대한 사상가로 성장해 갔다.

의문을 품는 독서

담헌의 〈매헌에게 주는 글與梅軒書〉에는 초학자의 독서하는 방법과 자세가 잘 나타나 있다. 글에는 열 개의 조목으로 된 독서 비결이 있는데 특히 담헌은 의문을 품는 독서를 강조한다.

처음 배우는 사람이 의문을 품을 줄 모르는 것은 일반적인 병통이다. 하지만 병의 뿌리를 따져보면 뜬 생각을 좇아 내달리느라 뜻이 책에 온전히 집중하지 못했기 때문이다. 때문에 뜬 생각을 제거하지 않고서 억지로 의문을 품으려 들면 에돌고 막히고 얕고 가볍게 되어, 참 의문을 갖지 못한다. 이 때문에 의문을 품으려면 먼저 뜬 생각을 없애야만 된다.

글을 대충 통한 사람은 반드시 의문이 없다. 이는 의문이 없는 것이 아니라 궁구하여 탐색한 것이 일정한 수준에 이르지 못했기 때문이다. 의문이 없던 데서 의문이 생기고, 아무 맛없는 데서 맛이 생겨난 뒤라야 독서한다고 말할 수가 있다.

책을 읽는 방법에는 맹목적 읽기가 있고 따져 읽기가 있다. 맹목적 읽기는 저자를 맹신하고 책의 정보를 무조건 받아들이는 행위이다. 이래서는 새로운 깨달음을 얻기가 어렵다. 반면 따져 읽기는 책의 내용을 음미해가면서 스스로가 주체적으로 읽는 행위다. 따져서 읽다 보면 스스로 생각하는 힘이 길러지고 의문을 품는 비판적 능력을 키워갈 수 있다.

담헌은 글을 대충 읽는 사람은 의문이 생겨나지 않는다고 말한다. 책을 보면서 머릿속엔 뜬 생각이 가득하거나 수박 겉핥기로 읽으면 새로운 진실의 문은 열리지 않는다. 잡생각을 버리고 한 글자씩 음미해 갈 때 의문이 없는 데서 의문이 생기고, 그 의문은 질문하는 힘을 만든다. 그렇다고 의문을 위한 의문을 만들어서는 안 된다. 편견과 선입견을 버리고 편안한 마음으로 읽다 보면 어떤 부분에서 문득 의문이 생기고 의문을 풀려고 노력하다 보면 책의 의미를 정확히 이해하게 된다. 그러면서 담헌은, "의문에 대한 답을 책에서만 찾으려고 하지 말고 일상생활 속에서 끊임없이 사색하며 찾으려고 해야 한다."라고 주문한다.

그리하여 담헌은 일상에서도 늘 호기심을 갖고 새로운 진실을 알기 위해 노력했다. 권위를 무조건 따르지 않고 기존의 지식이 정말로 옳은지 아닌지를 직접 따져보았다. "어른 앞이라 하더라도 물음에는 반드시 자신의 의견을 다 밝혀야 하고 구차스럽게 동의하여 어른을 속여서는 안 된다."라고 하였다. 당대의 큰 스승인 미호 김원행 밑에서 배울 때도 경전을 공부하다가 의문 나는 것은 주저하지 않고 물었다. 《논어》를 읽다가 의문이 생기면 공자의 행동까지 비판하는 질문을 했다. 그 자신은 노론이었음에도 소론의 입장에서 노론의 문제점을 비판하는 발언을 서슴없이 하기도 했다. 그리하여 그는 다음과 같이 말한다.

> 큰 의문이 없는 자는 큰 깨달음이 없다. 의문을 품고 말을 얼버무리기보다는 자세히 묻고 분별을 구하는 것이 좋으며 낯빛을 따라 구차스레 비위를 맞추기보다는 차라리 말을 다하고 함께 돌

아가는 것이 낫다.

– 〈미상기문洣上記聞〉

  그의 발언은 당돌해 보이기도 하고 버릇없어 보이기도 하다. 일반 사람은 권위 앞에서 무조건 순종하거나 굽신거린다. 의문이 들어도 창피해서 대충 넘어가거나, 권위가 무서워 무조건 '예, 예' 하면서 비위를 맞추거나, 아예 입을 굳게 다문다. 그러나 담헌은 의문을 품는 것 자체는 잘못이 아니며, 의문을 품어야만 새로운 깨달음에 이를 수 있다고 생각했다.

  선가禪家에서는 "크게 의심하면 반드시 큰 깨달음이 있다大疑之下 必有大悟"라고 말한다. 담헌은 이 말을 돌려 말한 것이다. 서양의 학자인 데카르트René Descartes도 보고 듣고 느끼는 모든 것을 의심하라고 했다. 이때 의문을 품으라는 것은 무조건 삐딱하게 보라는 뜻이 아니다. 당연한 것은 없으니, 남에게 들은 정보나 지식을 아무 생각 없이 받아들이지 말라는 뜻이다. 손쉽게 믿은 진리는 남을 정죄하기만 할 뿐 나를 구원하지도, 남을 해방하지도 못한다. 크게 의심하는 과정을 거칠 때 비로소 큰 깨달음에 이를 수가 있다. 빠져서 들어가지 말고 의심하고 따져서 들어갈 때 참된 진실을 찾는다. 주자도 말하길, "처음 읽을 때는 의문이 없다가 다음에는 점차 의문이 생기고 도중에는 구절구절 의문이 생긴다. 이런 과정을 한차례 거친 다음에야 의문이 점차 풀려 모든 것에 막힘이 없고 하나로 통하게 된다."라고 했다. 담헌은 의문을 품음으로써 새로운 세계관으로 나아갈 수 있었다.

담헌은 모두가 '예'라고 할 때 혼자서 '아니요'라고 대답한 사람이었다. 그렇다고 해서 자기 생각만 고집하지도 않았다. 다른 견해, 다른 생각을 열린 마음으로 받아들여 새로운 지혜를 얻고자 했다. 그는 상식과 지식을 무조건 따르지 않고 크게 의심함으로써 우주와 세계에 대한 새로운 깨달음으로 나아갔다. 당시 대부분 사람이 지구는 네모나며 바다 밖으로 나가면 낭떠러지로 떨어져 죽는다고 생각하던 시절에 담헌은 지구는 둥글며 돈다고 주장했다. 당시의 모든 사람이 중국만이 세계의 중심이며 문명국이라는 중화사상에 빠져 있을 때, 담헌은 모든 나라는 각자 중심이 될 수 있으며 어느 나라든지 세계의 중심이 될 수 있다고 주장했다. 중국 중심의 화이론華夷論에서 벗어난 이는 오직 담헌뿐이었다.

인간만이 귀중하고 다른 생명은 천하다고 여기던 시절에 담헌은 인간과 사물은 똑같이 소중하다고 생각했다.

> 오륜과 오사五事가 인간의 예의라면, 무리를 지어 다니면서 함께 먹이는 먹는 것은 짐승의 예의이고 군락을 지어 가지를 뻗는 건 초목의 예의다. 인간의 입장에서 사물을 보면 인간이 귀하고 사물이 천하지만, 사물의 입장에서 인간을 보면 사물이 귀하고 인간이

천하다. 그러나 하늘의 입장에서 보면 인간과 사물은 균등하다.

― 《의산문답毉山問答》

인간만이 고통을 느끼는 것은 아니다. 포유류는 물론 물고기, 심지어 식물도 고통과 스트레스를 느낀다고 한다. 분자생물학에 따르면 인간과 침팬지는 98.6%의 동일 유전자를 갖고 있으며 벌레와 인간은 40%의 유전자를 공유하고 있다. 모든 존재는 각기 나름의 삶의 방식이 있고 존재 가치가 있다. 다만 인간의 눈으로, 인간의 편리에 따라 해충과 익충을 나누고 다른 생명체를 손쉽게 죽이고 파괴했을 뿐이다. 자연은 말을 못하는 것 같지만 인간의 말을 못하는 것일 뿐, 인간이 이해하지 못하는 그들끼리의 언어가 있다. 담헌은 짐승한테도 지혜가 있고 풀과 나무에도 각자의 예의가 있다고 생각한다. 담헌의 열린 독서 태도는 우주를 이해하고 만물을 품도록 이끌었다.

실심실사實心實事의 리더십

의문을 품는 독서, 진실한 마음의 중시, 배운 것을 생활 속에서 실천하려는 태도, 이러한 담헌의 공부 태도는 실심실사實心實事로 부를 수 있다.

일찍이 묻고 배우는 것은 실심實心에 있고, 행하는 바는 실사實事에 있으니, 참마음으로 실제 일을 행하면 허물이 적고 공적을 이룰 수 있다.

- 〈미호 선생께 올리는 제문祭渼湖金先生文〉

참마음이란 뜻의 실심實心은 선입견이나 편견을 버리고 맑고 진실한 마음을 갖는 것이다. 담헌은 "옛날의 지식에 집착한 사람과는 더불어 진리를 이야기할 수 없고 이길 마음을 품은 사람과는 함께 논쟁할 수 없다. 진리를 들으려면 옛 지식을 버리고 이기려는 마음을 버려라. 마음을 비우고 삼가는데 내 어찌 숨기겠는가?"라고 말한다. 실심實心을 갖게 되면 주체적이고 열린 마음이 되어 다른 학문과 사상을 적극적으로 받아들일 수 있다. '실제적인 일'이란 뜻의 실사實事는 실제 현실에서 진리를 찾는 태도이다. 담헌은 현실과는 거리가 먼 공허한 이론 공부가 아닌 실질적이고 현실에 도움이 되는 학문을 좇았다. 앎 자체에 머물지 않고 앎이 실천으로 이어지는 공부에 힘썼다. 그리하여 그 시대의 주류 학문인 주자학의 테두리에 갇히지 않고 다른 사상을 적극적으로 수용했다. 서양학에도 관심을 가져 천문학과 수학을 깊이 공부했으며 자연과학을 비롯한 실용의 학문을 공부하면서 새로운 생각을 적극적으로 받아들여 나갔다.

1765년 겨울, 담헌은 서른다섯의 나이에 작은아버지를 따라 중국 여행을 하게 되었고 실심실사實心實事의 정신이 극적으로 꽃피는 계기를 맞이하였다. 담헌은 북경 유리창 골목인 간정동乾淨衕에서 엄성, 육비, 반정균, 세 명의 항주 선비를 만났다. 항주 선비들은 과거시험을 치르기 위해 북경에서 시험 준비를 하는 중이었다. 당시 보수적인 조선의 학자들은 중국 사람과는 절대 말을 섞어서는 안 되며 심지어는 쳐다보아서도 안 된다고 생각했다. 조선인에게 청나라는 명나라의 원수를 갚아주고 병자호란의 치욕을 씻어야 하는 오랑캐였다. 그러나 담헌은 진실한 마음과 열린 생각으로 항주의 선비들과 깊은 대화를 나누었다. 담헌은 항주의 선비들과 주자학과 양명학에 대해 치열한 논쟁을 펼치는 가운데 주자만이 절대 진리라고 믿고 있던 세계관에서 벗어나 이단에도 진리가 있다는 사실을 깨닫게 되었다. 담헌은 세 선비와 주고받은 필담과 편지를 정리하여《간정동필담乾淨衕筆談》을 엮었고 이 만남은 한중 교류에 새로운 충격을 가져다 준 획기적 사건으로 각인되었다.

　　조선으로 돌아온 후에도 홍대용은 항주의 세 선비와 편지를 주고받으면서 학문 교류와 더불어 인간적인 교류를 계속해 나갔다. 서로 의형제를 맺은 이들의 우애는 이후 각자의 삶을 지배했으며, 자손과 친지에게로 교류가 이어져 한중문화교류사에 귀중한 자취를 남기게 되었다. 특히 담헌보다 한 살 아래였던 엄성은 담헌을 무척 좋아했다. 담헌의 맑고 진실한 성품과 깊은 학식을 존경하고 따랐다. 그리하여 엄성은 죽을 때 담헌이 선물한 먹을 가슴에 얹고 담헌의 묵향을 맡으며 숨을 거두었다. 담헌의 진실한 성품과 열린 마음은 이방인의 마음마저 움직였고, 그가 죽는 순간까지 흠모의 마음을 남겼다.

주자만을 믿던 전통적인 유학자 담헌이 최고의 사상가로 성장할 수 있었던 배경에는 큰 의문을 품을 줄 아는 독서 태도와 진실한 마음으로 상대방을 대하는 실심實心의 정신이 있었다.

고금 서
붓 대를 잡고 글을 쓴다는 뜻이다. 말을 펴서
진술한다는 의미로 쓰면서 편지글을 서(書)라
고 불렀다.

"옛 경전을 배우는 사람들이 옛사람의 해석에 대해
 아무런 의문도 제기하지 않는다면
 마침내 남이 웃는 대로 따라서 웃기만 하고
 끝내는 자기의 견해는 없는 것처럼 될 것이다.
 모르고 지내는 것보다는
 차라리 따져서 밝히는 것이 옳다."
- 〈중용질서후설 中庸疾書後說〉

성호는 비록 제자의 주장일지라도 더 옳다고 생각되면 적극적으로 수용하고 자신의 견해를 고쳤다. 제자의 바른 소리를 권위로 억누르지 않고 오히려 칭찬하고 격려했다. 스승의 열린 마음과 토론문답식 독서 덕분에 제자들은 풍부한 식견을 갖추게 되었고, 제자들 간의 유대관계도 더욱 끈끈해졌다.

問 물을 문
문(問)은 맑음을 나타내고 입(口)으로 묻는다는 뜻이다. 성호는 묻는 태도를 가장 중요하게 여겼다.

의문을 품는 독서,
성호 이익의 하문下問의 리더십

세상에는 참으로 노력하여 올라가도 미치지 못하는 자가 있다. 그러나 나는 노력하지도 않으면서 능히 미치는 자를 보지 못했다. 그러므로 행하느냐 행하지 못하느냐 하는 것은 능력이고, 끝까지 도달하느냐 못하느냐 하는 것은 운명이다. 운명에 대해서야 내가 어쩌겠는가? 다만 노력할 수 있는 것에 대해 노력할 뿐이다.

― <중용질서서 中庸疾書序>

인생에는 아무리 아등바등 애를 써도 안 되는 일이 있다. 노력한 만큼의 결과가 나왔으면 좋겠지만 현실은 바라는 대로 이루어지지 않는다. 그렇다고 해서 아무것도 하지 않으면 아무 일도 일어나지 않는다. 노력하지도 않으면서 원하는 것을 얻을 수는 없다. 힘써 노력하느냐 포기하느냐는 나의 책임이지만, 그 일이 성공하느냐 실패하느냐는 하늘의 뜻이다. 하늘의 뜻을 내가 어찌하겠는가? 다만 내게 주어진 일이기에, 나는 그저 내 일을 노력할 뿐이다.

  윗글의 저자는 성호星湖 이익李瀷, 1681~1763이다. 성호는 조선 후기 현실 개혁의 학문인 실학의 토대를 마련한 인물이다. 마을 부근의 성호라는 호수의 이름을 자신의 호로 삼았다. 성호는 어린 시절에 가족을 잃는 비극을 겪었다. 아버지는 성호가 태어난 바로 다음 해 귀양지에서 죽었고 글을 가르쳐주던 둘째 형도 역적으로 몰려 감옥에서 죽었다. 곧이어 어머니마저 돌아가셨다. 성호는 세상에 흥미를 잃어버리고 현실 정치에서 벗어나 재야의 삶을 선택했다.

  성호는 벼슬을 포기하는 대신 약자와 백성의 편에 서는 삶을 살고자 했다. 사회에 실제로 도움을 주는 학문을 했으며, 고통받는 백성들의 현실에 가슴 아파했다. 그리하여 조선 후기 학술사에서 큰 발자취를 남겼으며 많은 제자를 키워 성호학파를 형성하기에 이르렀다. 그가 수많은 제자를 길러낼 수 있었던 배경에는 열린 마음으로 항상 의문을 품고 치열하게 토론하는 토론문답식 독서 문화가 있었다.

빨리 쓰기, 질서疾書의 힘

나쁜 습관도 있지만 좋은 습관도 있다. 나쁜 습관은 빨리 없애는 것이 좋지만 좋은 습관은 삶을 더욱 건강하게 만든다. 성호는 평소 메모하는 습관을 갖고 있었다. 특히 그는 질서疾書를 실천했다. 질서疾書란 빨리 적는다는 뜻으로, 좋은 생각이 떠오를 때마다 그때그때 메모하는 것이다.

> 질서疾書란 무엇인가? 생각이 떠오르면 바로 기록한 것이니, 이는 금방 잊을까 염려해서이다. 익숙하지 않으면 잊게 되고, 잊으면 생각이 다시 떠오르지 않는다. 그러므로 익숙해지는 것을 중요하게 여기고 빨리 기록하는 것을 그다음으로 여기는데, 기록하는 것 역시 익숙해지기를 바라는 것이다.
>
> — 〈맹자질서서孟子疾書序〉

머리를 믿지 말고 손을 믿으라는 말이 있다. 인간의 기억력은 한계가 있다. 외웠던 것도 돌아서면 금방 잊는다. 좋은 아이디어가 있다면 곧바로 메모해 두어야 잊어버리지 않고 실질적인 쓸모가 된다. 질서疾書를 처음 실천한 이는 송나라의 장횡거張橫渠였다. 장횡거는 평소 식탁과 책상, 침대 머리맡에 붓과 먹을 준비해 두었다가 문득 좋은 생각이 떠오르면 그때그때 적었다고 한다. 혹 한밤중에 잠자리에 누웠다가도 갑자기 좋은 아이디어가 생각나면 일어나 촛불을 켜서 준비해둔 메모지에 적어두었다. 성호 역시 길을 가거나 글을 읽다가 새로운 깨달음을 얻으면 곧바로 메모를 해두어 잊어버리지 않도록 했다. 경전인 사서四書를 읽을 때도, 글을 읽다가 새로운 생각을 얻으면 바로 메모해가며 정리했다.《논어질서》,《대학질서》,《중용질서》 등은 성호의 질서 습관이 만들어낸 결과물이다. 그가 쓴《성호사설星湖僿說》도 평소 메모해 둔 내용을 주제별로 분류했다가 만든 저술이다.

다산 정약용은 말하길, "다만 강구하고 고찰하여 정밀한 뜻을 얻고, 생각한 것을 그때마다 메모하여 적어야만 실질적인 소득이 있다. 그저 소리 내 읽기만 해서는 아무 얻는 것이 없다."라고 하여 메모의 중요성을 강조했다. 성호에게 메모는 깨달음의 흔적이자, 실질적인 성과를 내도록 하는 원동력이었다.

의문을 품는 독서

성호는 평소 제자들에게 스스로 깨닫는 자득自得의 독서를 강조했다. 자득을 위해서는 책을 읽을 때 항상 의문을 품어야 한다고 힘주어 말했다. 심지어는《논어》와 같은 경전도 의문을 품고 살펴보아야 한다고 했다. 옛 학설에 얽매이거나 남의 말을 따라서는 안 되며 스승의 말에 무조건 기대서도 안 된다고 가르쳤다. 옛 지식에 대해 아무런 의문도 제기하지 않는다면 남이 웃는 대로 따라 웃는 줏대 없는 사람이 되고 말뿐이라는 것이다.

> 옛 경전을 배우는 사람들이 옛 사람의 해석에 대하여 아무런 의문도 제기하지 않는다면 마침내 남이 웃는 대로 따라서 웃기만 하고 필경은 자기의 견해는 없는 것처럼 될 것이다. 그렇지 않고 널리 수집하고 깊이 연구하여 증명하려고 하면 낮은 위치의 신분으로 함부로 따지다가 죄에 걸려들기 쉬운 것처럼 된다. 그러나 모르고 지내는 것보다는 차라리 따져서 밝히는 것이 옳다.
>
> - 〈중용질서후설 中庸疾書後說〉

사람들은 의문이 들어도 묻지를 않는다. 창피당할까 두려워서 혹은 자존심이 상해서 어물쩍 넘어간다. 그러나 의문을 품을 수 있어야 새로운 깨달음을 얻는다. 성호는 대충 얼버무리며 넘어가서는 안 되며 모르고 지내는 것보다는 따져서 밝히는 것이 옳다고 했다. 학문의 진전은 의문을 품는 데서 이루어진다고 생각했다.

> 배움에는 반드시 의문을 일으켜야 한다. 의문을 일으키지

않으면 아는 것이 실하지 못하다. 의문을 일으킨다는 것은 우물쭈물 망설여 결정하지 못한다는 의미가 아니다. 이렇게 하여 옳다는 것을 안다면 이렇게 하면 안 된다는 것도 살펴야만 비로소 이해하게 되는 것이다. 그렇지 않으면 사람이 잘못된 것을 가지고 옳다고 하는 경우에도 여기에 대하여 응답할 수가 없게 된다. 비유하면 과일을 먹는 경우와 같다. 복숭아나 살구 등을 주면 살은 먹고 씨를 버리는 것은 맛이 살에 있기 때문이다. 그러면서도 씨에도 맛이 있지 않나 하고 의심하게 된다. 다른 날 그에게 개암이나 밤 등을 주면 껍데기는 벗기고 씨를 먹게 되는 것은 맛이 씨에 있기 때문이다. 지난번에 먹은 과일의 씨의 맛도 개암이나 밤처럼 먹을 수 있는 것인지 어떻게 알 수 있는가? 만약 당시에 먹어 보아 분명히 알았다면 어찌 다시 이런 의심이 있겠는가? 그러므로 의문을 가지는 것은 의심을 없게 하기 위함이다. 저 먹어보고도 의문을 품지 않는 사람은 밤송이를 먹을 수 있다고 하더라도 따라서 먹으려고 할 것이다.

- 〈중용질서후설 中庸疾書後說〉

복숭아나 살구를 먹을 때 혹시 씨에도 맛이 있을까 싶어 직접 먹어 본다면 개암이나 밤을 먹을 때 도움이 된다. 만약 의문을 품지 않는 사람이라면 밤송이도 먹을 수 있다는 말을 듣더라도 아무 생각 없이 따라 먹으려고 할 것이다.

성호는 의문을 품는다는 것은 이쪽과 저쪽을 두루 살펴서 새로운 진리를 발견하는 과정이라고 생각했다. 한쪽 면만을 보고 전체를 판단해서는 잘못된 진실을 얻게 될 수도 있다. 그는 의문을 품을 때 비로소 사물의 객관적인 진실을 알 수 있다고 생각했다. 성호는 현실과 동떨어진 학문, 지식을 위한 지식을 배격하고 세상의 모든 현상에 대해 열린 태도를 지니고 의문을 품는 습관을 지녔다. 심지어는 객관적인 역사까지도 의문을 품었다. 역사서를 읽을 때 착한 사람은 늘 착하게만 서술하고 악당은 늘 악하게만 기술해 놓은 태도에 동의하지 않았다.

나는 역사서를 읽을 때마다 늘 의문이 든다. 착한 자는 착한 쪽으로만 기록되어 있고 악한 자는 악한 쪽으로만 묘사되어 있다. 그러나 그들이 살아 있을 때는 반드시 그렇지 않았을 것이다. 이는 역사를 서술할 때 악한 것을 징계하고 착한 것을 권장하는 지극한 뜻에서 그렇게 기술되었을 것이다. 그러나 오늘날 사람들의 객관적인 입장에서 보면 착한 자는 참으로 그렇더라도 악한 자는 어찌 그토록 악하기만 하였단 말인가? 실제로는 착한 가운데도 악함이 있고 악한 가운데도 착함이 있다. 당시 사람들 가운데 실제로 옳고 그름을 제대로 판단하지 못한 까닭에 취사선택을 분명히 하지 못하여 후세 사람들로부터 비난을 받고 죄를 얻은 자도 있다. 따라서 역사서를 읽을 적에는 이런 점을 알지 않아서는 안 된다.

- 〈고사선악 古史善惡〉

아무리 착한 사람도 악한 면이 있고 악한 사람도 때로는 착한 점을 갖고 있다. 모든 인간은 양면성을 갖고 있는 것이다. 하지만 역사서에는 선함을 드러내고 악함을 징계하는 권선징악勸善懲惡을 권장하는 차원에서 선인과 악인을 분명하게 갈라놓았다는 것이다. 역사서를 읽을 때는 이 점을 잘 고려해 가면서 읽어야 한다.

역사는 승리자의 기록이다. 승리한 편은 모든 점을 미화해서 기술하고 패배한 편은 부정적으로 서술한다. 선한 인물로 기록된 사람이 실제로는 악한 사람이었을 수 있고, 악한 인물로 그려진 사람이 실제로는 착한 사람일 수 있다. 또 의로운 사람이었지만 그 당시의 사람들이 잘못 판단하여 후세에 나쁜 사람으로 비난받는 일도 있다. 성호는 이러한 가능성을 잘 판별해야 한다고 생각했다. 성호는 역사서를 볼 때도 무조건 빠져 읽기보다는 진술의 타당성에 의문을 품으며 객관적이고 공정한 자세로 시비是非를 판단하고자 했다. 성호는 인간의 양면성을 두루 헤아리는 통찰력을 갖추고자 했다.

아랫사람에 묻는, 하문下問의 탐구

성호는 제자들과 독서토론을 진행할 때 제자들이 적극적으로 참여하여 의문을 풀어가도록 이끌었다. 스승의 권위를 내세우기 보다는 제자들이 솔직하게 자신의 의견을 밝힐 수 있도록 편안한 분위기를 만들었다. 덕분에 제자들은 뜻이 어려워 풀기 어려운 의문점이 있으면 해결이 될 때까지 반복해서 질문하였다. 구차하게 자신의 견해를 굽히지 않고 스승의 가르침을 따라 의문이 나는 곳은 반드시 묻고 자기 생각을 솔직하게 밝혔다.

특히 성호는 토론문답식 독서모임을 할 때 하문下問의 방법을 적극 활용하였다. 성호는 〈불치하문不恥下問〉이란 글에서, 해 저문 갈림길에서 방향을 잃게 되면 꼴 베는 아이에게도 물어야 한다고 하면서 아랫사람에게 묻기를 부끄러워해서는 안 된다고 말한다.

> 그러므로 군자는 정성 쏟고 힘을 다해 널리 찾아 그 본뜻을 깨닫기 위해 뭇 사람의 말을 모아 가리되 비록 농담과 망령된 말일지라도 자세히 살피며, 진실로 괴상하고 잘못되어 이치에 어긋난 말이라도 용납해주고 벌주지 않는다. 이것이 아랫사람에게 묻기를 부끄럽게 여기지 않는다不恥下問는 말이 생기게 된 까닭이다. 비유하면 어진 임금이 처음 즉위하여 잘 다스릴 마음이 배고프고

목마른 것보다 더 심해서 조서를 내리고 직언을 구한 결과, 사방에서 답지한 여러 의논 중에 좋은 것은 상 주고 좋지 않은 것도 벌주지 않는 것과 같다. 또 비유하면 마치 어떤 병자가 의술이 용한 의원이 있다는 소문을 들으면 반드시 먼 길도 꺼리지 않고 그를 찾아가 혹 도움이 있을까 바라는 것과 같다. 또 한 나그네가 해 저문 갈림길에서 이리 갈지 저리 갈지 방향을 모르면 나무하는 목동이나 아무것도 모르는 부인과 어린이라도 일일이 찾아서 갈 길을 묻는데, 이 중에 혹 속이기도 하고 잘못 가리키기도 한 것을 모두 따질 수가 없는 것과 같다. 이른바 꼴 베는 아이에게도 물어야 한다는 말이 이것이다.

- 〈불치하문不恥下問〉

    스승이나 선배는 자신의 권위가 손상되는 것이 두려워 아랫사람에게 묻기를 꺼린다. 모르는 것도 짐짓 아는 척하거나 얼버무려 슬쩍 넘어가려고 한다. 그러나 성호는 아랫사람에게 권위를 내세우지 않았다. 스승보다 제자가 더 뛰어날 수 있다는 사실을 인정하고 모르는 것이 있으면 기꺼이 아랫사람에게 묻고 기꺼이 그 견해를 수용하였다.
    한 사례로 제자인 신후담이 자신의 학설에 대해 다른 견해를 말하자, 성호는 자기 생각에 잘못이 있다는 점을 인정하고 "일일이 교정하고 세심하게 잘못을 지적하여 가르침을 주기를 바란다."라는 편지를 보냈다. 성호는 비록 제자의 주장일지라도 더 옳다고 생각되면 적극적으로 수용하고 자신의 견해를 고쳤다. 제자의 바른 소리를 권위로 억누르지 않고 오히려 칭찬하고 격려했다. 스승의 열린 마음과 토론문답식 독서 덕분에 제자들은 풍부한 식견을 갖추게 되었고, 제자들 간의 유대관계도 더욱 끈끈해졌다. 그리하여 성호는 성호학파라고 일컬을 만큼의 제자 그룹을 길러내기에 이르렀다.

여러 장수를 불러 모아 말했다.
"병법에 말하기를 '반드시 죽고자 하면 살고
반드시 살고자 하면 죽는다'고 했다.
또 '한 사람이 길목을 지키면,
천 사람도 두렵게 할 수 있다'고 했다.
이는 지금 우리를 말하는 것이다.
너희 각 장수들은 살려는 생각을 하지 마라.
조금이라도 명령을 어기면 군법으로 다스릴 것이다."
-《난중일기》

"반드시 죽고자 하면 살고 반드시 살고자 하면 죽는다. 必生卽死 死必卽生". 이 구절은 이순신이 처음으로 꺼낸 말이 아니다. 이순신이 즐겨 읽은 병법서인《오자병법》에 나오는 말이다. 이순신은 절체절명의 상황에서 평소 읽었던 병법서의 한 구절을 떠올렸고,《오자병법》의 말을 인용해 결사의 각오를 다졌다. 그의 어깨엔 조선의 운명이 있었고 그를 믿고 따르는 병사들이 있었다.

史 역사 사
천(丈)으로 공정하게(써) 기록하는 모습이다. 역사는 어느 한쪽으로 치우치지 않고 엄정하게 기록해야 한다. 충무공은 역사의 영웅이었다.

죽고자 하면 산다,
충무공 이순신의 결사각오의 리더십

"작은 것에 연연해하다 큰 것을 잊으면 나중에 반드시 손해가 있고, 의심하고 망설이면 나중에 반드시 후회하게 된다. 결단하면 과감히 행동해야 귀신도 피하고 나중에 성공한다."

사마천이 쓴 《사기史記》, 〈이사열전李斯列傳〉의 말이다. 눈앞의 작은 이익에 연연하다가 더 큰 것을 놓치는 수가 있다. 결정한 일을 망설이는 사이에 좋은 때를 놓친다. 큰 것을 얻으려면 당장의 사사로움을 돌아보지 않을 수 있어야 하며 결정은 신중하되 실행은 과감하게 해야 한다. 목표를 이루기 위해 죽음을 각오하고 결단해야 하는 상황도 있다. 죽기를 각오하고 힘을 다할 것을 결심하는 것을 일러 결사각오라 한다.

결사각오의 리더십을 잘 보여주는 이가 충무공忠武公 이순신李舜臣이다. 이순신 장군은 우리나라 사람들이 가장 자랑스러워하는 민족의 영웅이다. 임진왜란 때 충무공이 없었다면 조선의 운명은 끔찍한 비극이 되었을지도 모른다. 그리하여 우리는 충무공을 '성웅聖雄'으로 추대한다.《난중일기》에는 충무공의 인간적인 진면목이 잘 나타나 있다.《난중일기》덕분에 우리는 그가 얼마나 인간애 넘치는 무사인지 알게 되었다.

이순신은 무사武士였음에도 글쓰기를 좋아했으며 독서를 즐겼다. 한시도 손에서 책을 놓지 않았다. 그가《난중일기》를 남길 수 있었던 것도, 위기의 순간에 과감한 결단력으로 나라를 구한 것도, 평소에 책을 즐겨 읽음으로써 결정적인 순간에 이를 잘 활용한 덕분이었다. 이순신은 무인武人이면서도 책 읽기를 좋아한 독서광이었다.

책 읽는 무사武士

이순신과 같은 동네에 살았던 서애 유성룡柳成龍, 1542~1607이 쓴《징비록》에 따르면 이순신은 어린 시절 영특하고 활달했다. 말타기와 활쏘기를 잘했으며 글씨를 잘 썼다. 이순신의 조카인 이분李芬, 1566~1619은 이순신의 생애를 기록한《이충무공행록》에서 그의 어린 시절을 다음과 같이 기록했다.

> 처음에는 두 형을 따라 유학儒學을 배웠고, 유학으로 성공할 만한 소질이 있었다. 그러나 매번 붓을 던졌고 군인이 되려고 했다. 병인년1566년, 22세 겨울에야 비로소 무예를 배우기 시작했다. (중략) 겨우 한두 잠을 잔 뒤 사람들을 불러들여 날이 샐 때까지 의논했다. 정신력이 보통사람보다 배나 더 강해 때때로 손님과 한밤중까지 술을 마셨지만, 닭이 울면 반드시 일어나 촛불을 밝히고 앉아 사색하거나, 책과 서류를 보거나, 사람들을 불러 모아 전술을 강론했다.
>
> -《이충무공행록》

이순신은 어린 시절엔 유학을 배웠다. 사서삼경을 비롯해 소학과 역사서, 소설책 등 다양한 책을 섭렵했다. 그러나 무인武人의 길에 대한 갈망이 있었다. 스물두 살부터는 무예를 배워 무인의 길로 들어섰다. 그러나 이순신은 늘 책과 가까이했다. 아무리 밤늦게까지 술을 마셔도 새벽이면 반드시 일어나 책과 서류를 보거나 사람들에게 전술을 강론했다. 그가 본 책은 역사서와 병법서였을 것이다. 그는 아침마다 책을 읽고 배운 지식을 사람들에게 들려주었다. 이와 같은 독서 습관은 훗날 읽은 책의 내용을 잘 활용하여 뛰어난 전술가가 되게 하였다. 그가 매일 쓴《난중일기》에도 평소 책을 즐겨 읽었다는 사실을 알 수 있는 내용들이 있다.

맑다. 동헌에 나가 공무를 봤다. 군관들은 활을 쏘았다. 저물녘에 서울 갔던 진무가 돌아왔다. 좌의정 유성룡의 편지와 《증손전수방략》이란 책을 가지고 왔다. 이 책을 보니 수전, 육전, 화공전 등 모든 싸움의 전술을 낱낱이 설명했는데, 참으로 만고의 훌륭한 책이다.

- 《난중일기》 1592년 3월 5일.

종일 비오다. 홀로 다락 위에 앉아 있으니, 온갖 생각이 다 일어난다. 《동국사東國史》를 읽으니 개탄스런 생각이 많이 난다.

- 《난중일기》 1596년 5월 25일.

동네 선배인 유성룡이 보내준 《증손전수방략》이라는 병법서를 읽었으며 우리나라의 역사서를 읽었다는 기록이다. 이순신은 전쟁의 와중에도 틈틈이 책을 읽었다. 그가 수많은 전쟁을 승리로 이끈 비결은 뛰어난 머리 덕분이 아니었다. 그는 평소 읽은 병법서와 역사서를 실전에서 잘 적용하고 활용했다. 세계 해전사에서 유례를 찾아보기 힘든 명량해전의 승리에도 평소 읽던 책의 힘이 있었다.

죽고자 하면 살리라

1592년 임진년에 왜적이 쳐들어오자 조선은 쑥대밭이 되었다. 아무런 대비를 못했던 조선은 우왕좌왕했고 조선의 백성과 땅은 마구 짓밟혔다. 육지에서 하릴없이 패배했을 때 오직 이순신 장군만은 수군에서 승리를 거두었다. 그렇지만 자신보다 백성들에게 인기가 높은 이순신이 못마땅했던 선조 임금의 시기, 원균의 근거 없는 모함 등으로 이순신은 감옥에 갇혔다. 그를 도와주는 이는 아무도 없었다. 이순신을 대신해 통제사가 된 원균은 일본군에게 대패하여 수군은 전멸하다시피 했고 거북선도 모두 불타버렸다. 조정은 어쩔 수 없이 이순신을 다시 통제사로 임명했다.

그때 남아 있던 병선은 고작 판옥선 열두 척이 전부였다. 이를 염려하는 조정의 편지에 이순신은 다음과 같이 답했다. "신에게는 아직 12척의 전함이 남아 있습니다. 죽기로 싸운다면 해볼 만합니다." 그는 불가능한 조건보다는 이길 수 있다는 믿음을 보여주었다.

대첩을 앞둔 하루 전, 이순신은 깊은 생각에 잠겼다. 그는 참 외로웠을 것이다. 배는 고작 열두 척. 거북선도 없고 병력도 너무 적었다. 깊이 고민하던 그는 장수들을 불러 모아 다음과 같이 말했다.

여러 장수를 불러 모아 말했다. "병법에 말하기를 '반드시 죽고자 하면 살고 반드시 살고자 하면 죽는다'고 했다. 또 '한 사람이 길목을 지키면, 천 사람도 두렵게 할 수 있다'고 했다. 이는 지금 우리를 말하는 것이다. 너희 각 장수들은 살려는 생각을 하지 마라. 조금이라도 명령을 어기면 군법으로 다스릴 것이다." 엄하게 약속하였다.

- 《난중일기》 1597년 9월 15일.

이 대목에서 그 유명한 "반드시 죽고자 하면 살고 반드시 살고자 하면 죽는다.必生卽死 死必卽生"라는 명언이 등장한다. 곧이어 "한 사람이 길목을 지키면 천 사람도 두렵게 할 수 있다.一夫當逕 足懼千夫"라고 하여 각오를 더욱 다졌다. 그런데 이 구절은 이순신이 처음으로 꺼낸 말이 아니다. 그가 즐겨 읽은 병법서인 《오자병법》에 나오는 말이다. 이순신은 절체절명의 상황에서 평소 읽었던 병법서의 한 구절을 떠올렸고, 《오자병법》의 말을 인용해 결사의 각오를 다졌다. 그의 어깨엔 조선의 운명이 있었고 그를 믿고 따르는 병사들이 있었다. 이순신은 부하들에게 죽기를 각오하고 싸울 것을 단호히 명령했다. 그의 말엔 망설임이나 머뭇거림이 추호도 없었다.

다음날 명량해협에는 왜적의 배 133여 척이 조선의 배를 에워쌌다. 이순신의 판옥선은 한 척을 더해 고작 13척이었다. 그러나 그는 위축되지 않았다. 이미 죽기를 각오한 몸이었다. 그는 폭이 좁은 명량해협의 특성과 조류를 이용해 적선 31척을 단숨에 격파했다. 일본의 수군은 크게 두려워하며 우왕좌왕 도망쳤다. 세계 역사상 손꼽히는 명량대첩이 기적적인 승리를 거두는 순간이었다.

자신보다 수십 배나 많은 병력과 싸워야 하는 현실 앞에서 이순신은 벼랑 끝에 홀로 선 느낌이었을 것이다. 그도 약한 인간인지라 무척 두렵고 떨렸을 것이다. 그러나 그의 어깨엔 조선이라는 나라가 있었고 죽어가는 백성들이 있었고 자신만을 믿고 의지하는 부하들이 있었다. 그리하여 그는 두려움을 끌어안고 각오를 새롭게 다졌다. 자신이 읽었던 병법서의 구절을 떠올리며 병사들과 함께 결사각오의 자세로 한발 내딛었다. 병사들도 대장의 리더십을 믿고 죽기를 각오하고 왜적과 싸웠다. 그랬을 때 그들 앞에는 죽음이 아닌 승리가 있었다.

이순신 장군의 리더십은 적장의 마음마저 움직이게 했다. 일본 장수인 와키자카 야스하루는 다음과 같이 말한다. "내가 제일로 두려워하는 사람은 이순신이며, 가장 미운 사람도 이순신이며, 가장 좋아하는 사람도 이순신이며, 가장 존경하는 사람도 이순신이며, 가장 죽이고 싶은 사람 역시 이순신이며, 가장 차를 함께 하고 싶은 이도 바로 이순신이다." 한 인간의 결사각오의 리더십이 일구어낸 뛰어난 전술과 승리는 적군의 마음마저 움직였다.

　이순신이 결사의 각오로 임한 배경에는 전쟁의 와중에서 틈마다 읽었던 독서의 힘이 컸다. 독서는 이순신에게 단단한 마음을 심어주었다. 그는 평소 좋은 구절들을 암송하였고 덕분에 가장 극적이고 절박한 상황에서 병사들의 마음을 움직이는 구절을 떠올릴 수 있었다. 이순신은 강인한 무사였지만 책 읽는 선비였다.

卷 책 권
본래는 말다는 뜻이다. 예전에는 책을 두루마리
로 말았다는 사실을 말해준다.

"독서는 옳고 그름을 분별해서
 실천하는 데 있다.
 일을 살피지 않고
 오롯이 앉아 책만 읽는다면
 쓸데없는 학문이 된다."
-《자경문》

율곡은 독서의 궁극적 의미는 실천에 있어야 한다고 생각했다. 책 읽기가 현실과 아무런 관련을 맺지 못한다면 한갓 뜬구름 잡는 행위일 뿐이다. 책을 읽는다는 것은 세계의 진실과 시시비비를 올바로 가려내 옳은 일을 행하도록 하는 데 있다. 그리하여 "책을 고를 때는 삶에 도움이 되지 않는 저급한 종류는 삼가라."라고 한다. 독서를 함으로써 세상의 다양한 현상을 깨닫고 나의 좁은 안목을 돌아보게 된다. 그리하여 율곡은 정치 일선에서 활동할 때도 실천에 뿌리를 두고 이념과 현실, 의리와 실제를 통합하는 실천의 정치 활동을 펼쳐 나갔다.

德 덕 덕
옳고 바른[直] 마음을 지닌 행위[彳]란 뜻을 나타냈다. 율곡은 높은 덕망을 지닌 학자였다.

독서는 실천이다,
율곡 이이의 덕망의 리더십

"힘으로 남을 복종시키는 것은 진심으로 복종하는 것이 아니라 힘이 부족해서이다. 덕으로 남을 복종시키는 것은 마음속으로 기뻐서 진심으로 복종하는 것이다."

《맹자孟子》, 〈공손추公孫丑〉에 나오는 말이다. 힘으로 굴복시키면 사람들은 그에게 진심으로 복종하지는 않는다. 단지 힘이 모자라니깐 고개를 숙일 뿐이다. 앞에서는 굽히는 척하지만 뒤에서는 비웃는다. 하지만 덕으로 복종시키면 남을 억누르는 것도 아닌데 상대방은 자발적으로 숙이고 따른다. 진정한 감화는 강제로 눌러서 되는 것이 아니다. 강한 바람보다는 따뜻한 햇볕이 나그네의 옷을 벗게 하는 법이다. 율곡栗谷 이이李珥, 1536~1584는 덕으로 상대방을 복종시킨, 이른바 덕망의 리더십을 보여준

대표적 인물이다.

독서는 실천이다

율곡은 퇴계退溪 이황李滉, 1501~1570과 더불어 조선 성리학의 양대 산맥으로 불리고 있다. 퇴계가 영남학파의 종장宗匠이라면 율곡은 기호학파의 종장으로 자리매김되고 있다. 율곡이라는 호는 고향인 경기도 파주 율곡 마을에서 가져온 것이다. 열세 살에 진사進士 초시에 장원으로 급제한 이후 각기 다른 과거에서 아홉 번이나 장원급제하여 구도장원공九度將元公으로 불린다. 당시 대립이 극심했던 동인과 서인의 갈등을 풀기 위해 애쓴 통합의 경세가이자, 시의時宜 곧 시대정신의 중요성을 설파한 개혁자이기도 하다. 서로 싸우며 투쟁하는 경쟁 사회가 아닌 더불어 공존하는 대동사회大同社會를 꿈꾼 이상주의자이기도 했다. 그와 같은 실천하는 대학자 율곡을 만든 것은 다름 아닌 독서의 힘이었다.

율곡은 독서 행위가 쓸모없는 읽기에 그쳐서는 안 되며 옳고 그름을 분별하게 하여 삶을 변화시키고 실천으로 이어지게 해야 한다고 생각했다.

"새벽에 일어나면 아침에 할 일을 생각하고, 아침을 먹은 뒤엔 낮에 할 일을 생각하며, 잠자리에 들 땐 내일 할 일을 생각한다. 아무 일이 없으면 가만히 있다가 일이 있으면 반드시 일 처리에 적절한 방법을 생각한 후에 책을 읽어야 한다. 독서는 옳고 그름을 분별해서 실천하는 데 있다. 일을 살피지 않고 오롯이 앉아 책만 읽는다면 쓸데없는 학문이 된다."

율곡이 쓴 〈자경문〉에 나오는 말이다. 율곡은 독서의 궁극적 의미는 실천에 있어야 한다고 생각했다. 책 읽기가 현실과 아무런 관련을 맺지 못한다면 한갓 뜬구름 잡는 행위일 뿐이다. 책을 읽는다는 것은 세계의 진실과 시시비비를 올바로 가려내 옳은 일을 행하도록 하는 데 있다. 그리하여 "책을 고를 때는 삶에 도움이 되지 않는 저급한 종류는 삼가라."라고 한다. 책을 읽는다는 것은 나와 우리 삶을 더욱 풍요롭게 살찌우는 것이다. 독서를 함으로써 세상의 다양한 현상을 깨닫고 나의 좁은 안목을 돌아보게 된다. 그리하여 율곡은 정치 일선에서 활동할 때도 실천에 뿌리를 두고 이념과 현실, 의리와 실제를 통합하는 실천의 정치 활동을 펼쳐 나갔다.

먼저 그 뜻을 크게 가져라

율곡의 독서 활동과 세계관 확립에 결정적 영향을 끼친 것은 그의 금강산 입산(入山)이 아닐까 싶다. 율곡이 금강산으로 들어가게 된 배경에는 어머니의 죽음이 있다.

잘 알다시피 율곡의 어머니는 신사임당이다. 율곡은 1536년 강릉 북평 마을 외가에서, 아버지인 이원수와 어머니인 신사임당 사이에서 태어났다. 신사임당은 조선 시대를 살아갔던 일반적인 여성들과 달리 시와 글, 그림에 두루 능했다. 여섯 살까지 강릉 외가에서 지냈던 율곡은 어머니의 영향을 깊이 받았다. 사임당은 '어린애의 마음은 백지와 같으므로 백지에 무엇을 그리느냐가 중요하다'고 생각하여 율곡을 직접 가르쳤다. 사임당은 율곡에게 억지로 공부를 시키기보다는 놀이하듯 글을 읽게 했다고 한다. 율곡은 세 살 때 이미 글을 깨치고 어머니의 글과 그림을 흉내 냈으며, 네 살엔 《사략》을 읽었다. 다섯 살에 어머니가 병으로 눕자 사당에 홀로 들어가 매일 한 시간씩 어머니를 낫게 해달라고 기도했다.

그런 어머니가 율곡이 열여섯 되던 해에 세상을 떠났다. 신사임당의 나이 마흔여덟이었다. 어머니의 죽음은 율곡에겐 큰 상처이면서 인생의 전환점이 되는 사건이었다. 율곡은 어머니 묘소 앞에 움막을 짓고 3년 동안 곁을 지켰다. 묘소를 지키며 슬

품을 잊기 위해 불교 서적을 비롯한 다양한 책을 읽었다. 삼년상을 마친 후에는 봉은사에 들러 불경을 펼친 후 금강산으로 들어갔다. 승려들과 인생 이야기를 나누면서 삶과 죽음을 공부하기 시작했다. 그가 금강산에서 불교를 공부했다는 사실은 두고두고 그를 공격하는 유학자들의 빌미가 되었다. 그러나 그의 폭넓고 웅숭깊은 학문의 비밀이 금강산에서의 공부에 있었다. 금강산에서 불교 서적을 비롯한 다양한 책을 읽음으로써 율곡은 유학이라는 단 하나의 틀에 갇히지 않고 다양한 세계관을 배우는 시간을 가질 수 있었다.

율곡은 금강산에서 내려왔다. 그의 나이 스무 살이었다. 그는 앞으로의 방향을 담은 〈자경문自警文〉을 써서 평생 진리를 추구하며 살겠다고 다짐했다. '자경문自警文은' 스스로를 경계하는 글이란 뜻이다. 자경문의 첫째 항목은 다음과 같다.

"먼저 그 뜻을 크게 가져라. 성인을 모범으로 삼아서 털끝만큼도 성인에 미치지 못하면 내 일은 끝마치지 못한 것이다."

이 문장은 그가 스물세 살 때 찾아가 스승 삼았던 퇴계 이황의 〈수신십훈修身十訓〉 첫머리에도 나온다. 〈수신십훈〉은 이황이 몸가짐에 관한 가르침을 담은 열 가지 조항으로, 그 첫 번째인 입지立志에서 "뜻을 세움, 즉 입지立志에는 마땅히 성현을 목표로 하여 털끝만큼도 모자란다는 생각을 해서는 안 된다."라고 하였다. 율곡은 뜻을 크게 세우는 대기지大其志를 평생의 좌우명으로 삼았다. 뜻을 크게 세운다는 것은 무슨 뜻일까? 나보다 인격이 훌륭한 자, 나보다 뛰어난 자를 모범으로 삼아서 그를 따라가고자 분발하라는 것이다. 그와 같은 인격을 갖추려고 힘써 노력한다면 현재의 나보다 한층 성장하게 될 것이다. 율곡은 성인의 경지를 목표로 삼아 어제보다 나은 오늘, 오늘보다 나은 내일이 되기 위해 매일 자신을 갈고닦았다.

나 자신을 돌아보라

특히 〈자경문〉 가운데 다음 조목이 눈길을 끈다.

"누군가 힘들게 하면 스스로 돌이켜 깊이 반성해서 상대방이 감화하기를 기약해야 한다. 한 집안 사람이 변화되지 못하는 것은 단지 나의 성의誠意가 모자라기 때문이다."

갈등이나 다툼이 생기면 상대방을 원망하는 마음이 생긴다. 내 잘못은 보이지 않고 상대방의 잘못은 크게 보인다. 불신과 다툼이 이로부터 생긴다. 그런데 율곡은 먼저 나 자신을 돌아보고 나 자신이 반성하라고 한다. 나의 행동을 보고 상대방이 저절로 감동하도록 해야 한다는 것이다. 서두에서 말한 힘으로 복종시키는 것이 아닌 덕德으로 복종시키는 것이라 하겠다. 율곡은 문제의 원인을 남 탓으로 돌리지 않았다. 먼저는 스스로를 돌아보고, 상대방을 진심으로 대하려 했다. 이 같은 율곡의 덕을 잘 보여주는 일화가 있다.

    율곡의 아버지는 아내가 죽고 나서 바로 첩을 맞았다. 새 여자는 권 씨였는데, 성품이 못되어서 툭 하면 율곡을 못살게 굴었다고 한다. 율곡이 금강산에 들어간 이유 중의 하나가 계모 때문이라는 설도 있다. 율곡이 다시 집으로 돌아온 후에도 권 씨는 계속해서 율곡을 괴롭혔다. 가족이 제대로 대접해주지 않는다고 빈 독에 머리를 박고 온 동네가 떠나갈 듯 통곡을 하는가 하면, 방바닥을 두들겨대기도 했다. 그때마다 율곡은 권 씨 앞에 꿇어앉아 용서를 빌었다. 권 씨가 목을 매달고 자살 소동을 벌이다가 앓아누웠을 때도 친어머니에게 하듯이 직접 약을 달여 바치며 정성을 다해 간호했다. 마침내 권 씨의 강퍅한 마음이 율곡의 진심에 녹아내렸다. 율곡을 인정하기 시작했고 그의 덕을 배우기 시작했다. 율곡이 병이 들자 그의 아내보다 더 정성껏 간호했고 율곡이 죽자 그 누구보다 슬퍼하며 삼 년 동안 상복을 입었다. 그리곤 다음과 같이 지난날의 잘못을 뉘우쳤다. "율곡은 해동이 낳은 증자이다. 그런 효자를 괴롭힌 일을 참회하지 않고는 도저히 눈을 감을 수 없다."

율곡은 자신을 괴롭힌 계모를 끝까지 진심으로 대함으로써 그녀의 마음을 바꾸었다. 율곡이 정사政事를 훌륭하게 펼친 배경에는 이와 같은 그의 높은 덕망이 자리하고 있었다.

《서암췌어》에선 다음과 같이 말한다. "오직 나를 바르게 해야 남을 변화시킬 수 있고, 오직 나의 정성을 다 쏟아야 남을 감복시킬 수 있다." 진정 남이 자발적으로 복종하는 리더십을 갖고 싶다면 나를 먼저 바르게 하고 내가 먼저 진심으로 대해야 할 일이다.

篇 책 편
대쪽[竹]으로 엮어 만든 책이란 뜻이다. 옛날 책은 본래 대나무를 쪼개 엮어 만든 죽간이었다.

"천하의 일은
 이로움과 해로움이 반반인데,
 온통 이롭고
 작은 해로움도 없는 것은
 오직 책뿐이다."
 －《한정록閑情錄》

허균은 스스로를 서음書淫이라고 불렀다. 서음書淫은 책 읽기를 지나치게 즐기는 사람을 말한다. 조선 시대 선비치고 독서광 아닌 사람이 없겠으나 허균은 지나치게 책을 좋아했다. 평생 책을 모으고 초록하고 저술하면서 책과 함께 살았다. 1614년과 1615년 두 해에 걸쳐 중국에 사신을 다녀올 때는 자그마치 4천여 권의 책을 구입해 와서 집에 쌓았다. 게다가 동지중추부사를 지낸 아버지와 예조판서를 역임한 외할아버지로부터 수많은 책을 물려받아서 그의 집에는 최소 1, 2만 권의 책이 소장되어 있었다.

〒 평평할 평
저울이 수평이 되어 평평하다는 뜻이다. 허균은 한편에 기울지 않는 차별없는 평등한 세상을 꿈꾸었다.

차별 없는 세상을 꿈꾸다,
교산 허균의 평등의 리더십

　　나라를 다스리는 사람은 임금과 더불어 하늘이 준 직분을 행하는 것이니 재능이 없어서는 안 된다. 하늘이 인재를 내는 것은 본디 한 시대의 쓰임을 위해서이다. 그래서 하늘이 사람을 낼 때는 귀한 집 자식이라고 하여 풍부하게 주고 천한 집 자식이라 하여 인색하게 주지는 않는다. 그래서 옛날의 어진 임금은 이런 것을 알고, 인재를 더러 초야草野에서도 구하고 더러 항복한 오랑캐 장수 가운데서도 뽑았으며, 더러는 도둑 중에서도 끌어올리고, 혹은 창고지기를 등용하기도 했다. 이들은 다 알맞은 자리에 등용되어 재능을 한껏 펼쳤다. 나라가 복을 받고 치적治積이 날로 융성케 된 것은 이 방법을 썼기 때문이다.

- 〈유재론遺才論〉

하늘은 누구를 막론하고 어느 곳에나 고르게 인재를 내린다. 훌륭한 지도자는 이 점을 잘 알고 적재적소마다 그 자리에 맞는 인재를 골라 재능을 펼치게 한다. 리더는 사람을 차별해서는 안 되며, 출신 지역의 인연이나 인맥에 기대서도 안 된다. 하늘이 부여한 재능은 누구나 평등하게 갖고 태어나는 것이므로 리더는 신분의 높고 낮음을 가리지 말고 사람을 평등하게 써야 한다.

윗글은 《홍길동전》의 작가인 허균의 주장이다. 허균은 낡은 관습을 바꾸고자 한 개혁가이자 훌륭한 시인이며 뛰어난 비평가였다. 최고의 명문 집안에서 태어나 9살에 시詩와 글을 짓고 열두 살에 《통감》과 《논어》를 깨우친 천재였다. 스물여섯 살에는 문과에 급제했다. 마음만 먹으면 그는 얼마든지 주류 사회에 편입되어 살아갈 수 있었다. 그러나 그는 사회적으로 성공한 사람들과 어울리는 대신 불우한 문인들, 서얼과 승려, 화가, 심지어 기생 등 당시의 소외된 부류와 어울렸다. 그가 세상의 욕망과 반대로 살려고 했던 것은 지식 계층의 위선과 허위, 불합리한 사회에 저항하기 위한 그만의 방식이었다.

허균은 〈호민론豪民論〉에서 말한다. "세상에서 두려워할 것은 오로지 백성뿐이다. 백성은 물이나 불, 호랑이나 표범보다 훨씬 두려운 존재이다." 그가 두려워한 것은 왕이나 권력자들이 아니었다. 오직 평범한 백성들이었다.

그가 신분제 시대에 차별의 세계관을 넘어 인간의 평등 정신을 외칠 수 있었던 것은 오로지 독서의 힘이었다. 그는 이른바 독서광이었고 책을 통해 새로운 사상과 마주하며 책과 대화해 나갔다.

독서광 허균

허균은 스스로를 서음書淫이라고 불렀다. 서음書淫이란 책 읽기를 지나치게 즐기는 사람을 말한다. 조선 시대 선비치고 독서광 아닌 사람이 없겠으나 허균은 지나치게 책을 좋아했다. 평생 책을 모으고 초록하고 저술하면서 책과 함께 살았다. 1614년과 1615년 두 해에 걸쳐 중국에 사신을 다녀올 때는 자그마치 4천여 권의 책을 구입해 와서 집에 쌓았다. 게다가 동지중추부사를 지낸 아버지와 예조판서를 역임한 외할아버지로부터 수많은 책을 물려받아서 그의 집에는 최소 1, 2만 권의 책이 소장되어 있었다. 조선 후기엔 사대부들이 중국의 북경으로부터 수천, 수만 권의 책을 사들여 집을 도서관처럼 만든 이른바 장서가藏書家가 성행했는데 허균은 그러한 장서가의 면모를 진작부터 보여주었다.

허균은 책에 대한 소유욕이 강했다. 좋은 책이라면 반드시 소장하고 싶어 했다. 그렇다고 해서 책을 혼자만 보려고 하지 않았다. 책은 필요한 사람이 읽어야 한다고 생각했고, 사람들에게 흔쾌히 책을 빌려주곤 했다.

> 옛사람의 말에 '빌려간 책은 언제나 되돌려 주기는 더디다.' 하였는데, 더디다는 말은 1년이나 2년을 가리키는 것입니다. 《사강史綱》을 빌려드린 지가 10년이 훨씬 넘었습니다. 되돌려 주시기 바랍니다. 저도 벼슬할 뜻을 끊고 강릉으로 돌아가 그 책이나 읽으면서 소일하려고 감히 말씀드립니다.
>
> - 〈여정한강與鄭寒岡〉 계묘팔월 癸卯八月.

책이 귀했던 옛날엔 책을 빌리면 밤새 손으로 베낀 후 돌려주곤 했다. 그런데 선배인 한강 정구가 허균에게 책을 빌려갔는데 십 년이 지나도록 책을 돌려주지 않았던 모양이다. 이럴 때면 그냥 잊거나 돌려받기를 단념할 만도 하건만 허균은 재치 있는 말로써 돌려달라고 요청하였다. 책을 잘 빌려주기도 했지만, 자신의 책을 각별하게 아꼈던 허균의 마음이 잘 드러난다.

허균은 하나의 분야, 한 종류의 책만을 고집하지 않았다. 경서류는 물론 시집과 소설에 이르기까지 다양한 종류의 서적을 두루 읽었다. 주자학 계열의 책뿐만 아니라 당시에 이단으로 배척받던 도교와 불교 서적도 즐겨 읽었고, 민간 신앙과 민속 문화에도 관심을 기울였다. 젊은 시절에는 읽지 않은 책이 없었다고 고백하면서 부처의 경전을 읽지 않았더라면 인생을 헛되이 지냈을 것이라 말하기도 했다. 그는 성리학의 틀에 갇히지 않는 다양한 책을 읽음으로써 새로운 사상을 배워나갔다.

> 문장엔 제각기 맛이 있다. 가령 어떤 사람이 대궐 푸줏간의 쇠고기와 표범의 태胎, 곰 발바닥 등을 맛보고서 스스로 천하의 좋은 음식을 다 먹었다고 생각하여, 마침내 메기장과 차기장, 회膾와 구운 고기를 버리고 먹지 않는다면 굶어 죽지 않을 사람이 드물 것이다. 이것이 어찌 선진先秦과 성한盛漢을 으뜸으로 삼고 구양수·소식을 가볍게 보는 사람과 다르겠는가?
> – 〈구소문략발歐蘇文略跋〉

전통 고전을 중시하는 사람들은 문필진한文必秦漢 시필성당詩必盛唐이라고 하여 문장은 반드시 진한 시대를 으뜸으로 배워야 하고 시는 반드시 성당 시대를 배워야 한다고 생각했다. 시대가 지날수록 문장의 격이 떨어진다고 여겨 송나라의 구양수라든가 소동파의 글은 상대적으로 수준이 낮다고 여겼다. 그러나 허균은 문장은 시대마다, 사람마다 고유한 개성과 맛을 갖고 있다고 말한다. 한 가지 맛을 고집하다가는 굶어 죽을 수 있으니 다양한 맛을 섭취해야 한다고 했다. 한 종류만을 고집하지 말고 다양한 책을 읽어야 건강한 영혼을 만들 수 있다는 의미이다.

허균은 책을 읽는 데 그치지 않았다. 책을 읽고 나면 인상 깊은 구절이나 문장은 따로 메모했다. 메모한 것은 주제별로 분류해 정리했다. 마흔두 살 때 중국 사신으로 임명되었다가 병이 생겨 갈 수가 없게 되자 집에서 쉬면서 책들을 읽고 주제별로 모아《한정록閑情錄》이란 생활 교양서를 편찬했다.《한정록》에는 96종의 책이 인용되어 있는데, 그 가운데는 독서와 관련한 많은 내용이 수록되어 있다. 그 중 하나는 다음과 같다.

> 천하의 일은 이로움과 해로움이 반반인데, 온통 이롭고 작은 해로움도 없는 것은 오직 책뿐이다.
>
> -《한정록閑情錄》

나는 나의 삶을 살겠다

독서를 통해 허균은 하나의 틀에 구속되지 않는 자유로운 영혼으로 성장해 갔다. 남의 글, 남의 생각을 모방하지 않고 자신만의 세계관을 쌓고자 노력했다. 남들의 평가 따위를 신경 쓰지 않고 자신만의 문학세계를 만들어 갔다. 그는 다음과 같이 말한다.

저는 저의 시가 당시나 송나라 시詩와 비슷해질까 두렵습니다. 남들이 '허균의 시'라고 말하는 것을 듣고 싶으니, 너무 건방진 생각이 아닐는지요.

– 〈여이손곡與李蓀谷〉

사람들로부터 '허균의 시'라 불리기를 소망하고 있다. 그는 유학 사회가 만들어놓은 기준에 자신을 밀어 넣지 않았다. 그 울타리를 넘어 자유롭게 자신의 길을 개척해 가고자 했다. 이와 같은 태도 때문에 그는 종종 큰 곤욕을 당했다. 서른아홉 살 때 삼척부사로 부임한 적이 있었는데 부임한지 13일 만에 사헌부의 탄핵을 받아 파직당하고 말았다. 이단인 불교를 숭상한다는 혐의를 받은 것이다. 파직의 소식을 들은 허균은 소회를 시에 담아 다음과 같이 읊었다. "예교가 어찌 자유를 구속하겠는가, 인생의 부침을 다만 정에 맡기노라. 그대는 그대의 법을 따르라, 나는 나의 삶을 살겠다." 유교의 법이 그를 이단으로 내몰았지만, 굴하지 않고 자신의 방식대로 살겠다고 천명한 것이다. 사대부들이 아무리 자신을 비난하고 옭아매도 자신의 정체성을 잃지 않고 당당하게 살아가겠노라고 다짐했다.

허균의 책 읽기는 불온했다. 사람들은 그를 '천지 사이의 한 괴물'로 평가했다. 그러나 그 불온함은 새로운 세상을 꿈꾸고 새로운 변화로 나아가게 하는 힘이었다. 그는 성인이 만든 예법을 따르기보다는 하늘이 부여한 정情을 따르겠노라고 선포했다. 《홍길동전》을 지어 사회를 개혁하고 이상 세계를 건설하려는 꿈을 꾸었다. 만년에는 '만권 책 중의 좀 벌레가 되어 남은 인생을 마치고 싶다'는 것이 그의 간절한 소망이었다. 하지만 그의 바람은 이루어지지 못한 채, 역모죄에 걸려 허무하게 처형되고 말았다.

《그림 도》
원 환한 구역대 위에 마음의 형태를 그려놓은 것을 나타냈다. 독서讀書(독)은 가중 그림과 책을 보려하고있는 모이란 뜻이다.

2부

고전에서
배우는
세 빛깔의 독서론

책을 즐겨 읽는 사람들은 자기만의 독서 스타일이 있다. 어떤 사람은 시끄러운 카페에서 읽으면 집중이 더욱 잘 되고, 누군가는 조용한 방에서 읽을 때 더욱 집중한다. 누군가는 세심하게 밑줄을 그어가며 읽고, 어떤 사람은 눈으로 훑어가며 읽는다. 책을 읽는 목적도 제각기 다르다. 성공을 위해서 책을 읽는 사람도 있고 자기 수양을 위해 읽는 사람도 있다. 기분전환을 위해 읽기도 하고 교양 지식을 쌓으려고 읽기도 한다.

고전 시대 지식인도 취향에 따라 자기만의 독서 스타일이 있었다. 하지만 꼼꼼히 들여다보면 제각기 달라 보이는 독서법에도 유형별로 공통되는 독서 방식이 있었다. 그 중심에는 주자 성리학이 있다. 대부분 유학자는 주자가 말한 독서법을 충실히 따르고 있었다. 하지만 실학자의 경우엔 주자학과는 다른 특별한 독서관이 있었으며, 국왕의 경우엔 국왕에게 요구되는 고유한 독서 방식이 있었다.

그리하여 고전 시대 독서법은 크게 셋으로 나누어 실학자, 성리학자, 국가 권력으로 구별해 볼 수 있다. 실학자를 대표하는 박지원, 성리학자를 대표하는 양응수, 국왕을 대표하는 정조의 독서론은 각자가 속한 신분 조건과 세계관에 따라 서로 대비되는 독서법을 보여준다. 세 종류의 독서 스타일과 독서 태도는 고전 시대 독서인들의 독서 지향과 독서 방식을 이해하는 안내자가 되어 줄 것이다.

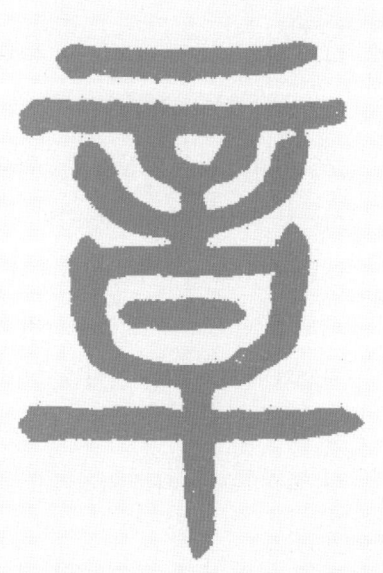

章 글 장
본래 악곡의 한 단락을 나타냈다.

"아침에 일어났더니 푸른 나무로 그늘진 뜰에
철새가 지저귀고 있기에 나는 부채를 들어
책상을 치며 마구 외쳤지요.
'이게 바로 내가 말하는 날아갔다 날아온다는 글자요
서로 울고 화답한다는 글월이다.
다섯 가지 채색을 문장이라 이를 진대 문장으로
이것보다 더 훌륭한 것은 없을 것이다.
오늘 나는 글을 읽었노라.'"
- 〈답경지答京之〉2

나는 이것을 이른바 연암의 독서 개념에 대한 패러다임의 전환이라고 말하련다. 책 읽기의 대상이 문자에서 사물로 바뀐 것이다. 연암은 지금 눈앞이라는 삶의 현장이 중요하다고 여긴다. 그리하여 글의 의미를 자연 사물로 확장하여 새로운 의미의 독서 개념을 만든다. 지구는 하나의 거대한 책이고, 지구라는 공간에서 살아가는 모든 생명체는 하나하나가 새로운 몸짓이다. 그 자연 사물의 몸짓을 자세히 관찰하고 음미하는 것이 최고의 독서가 되는 것이다. 그러므로 이제 좋은 책 읽기는 활자화된 책을 읽는 행위가 아니라 눈앞의 사물과 현실을 꼼꼼하게 살피는 일이 된다. 좋은 독서는 사물 읽기이고 현실 읽기이다.

실학자의 독서론

천지 만물이 책이다,
박지원의 독서 패러다임의 전환

> 명분과 법은 아무리 좋아도 오래되면 폐단이 생기고 고기는 아무리 맛나도 많이 먹으면 해가 된다. 많을수록 유익하고 오랠수록 잘못이 없는 것은 오직 독서이다.
>
> – 〈원사原士〉

아무리 훌륭한 법도 오래 지나면 현실과 동떨어져서 악법이 된다. 아무리 맛있는 고기도 너무 많이 먹으면 배탈이 난다. 그러나 책은 많이 읽을수록 세상을 더 넓게 이해하게 해주고, 오래 지나더라도 변함없는 지혜를 들려준다. 많이 읽을수록 유익하고 오래 읽어도 잘못되지 않는 것은 독서뿐이다.

그러나 연암은 한편으로는 이렇게도 말한다. "선비 아닌 사람이 없지만 바른 자가 드물다. 누구나 책을 읽지만 잘 읽는 자가 드물다." 선비입네 하는 사람은 많아도 선비답게 사는 사람은 적다. 누구나 책을 읽지만 제대로 읽는 사람은 없다. 연암은 독서자의 독서 습관에 대해 매섭게 비판한다. 독서는 아름다운 일이지만 독서 태도는 잘못되었다고 생각한다.

문자와 지식에 대한 연암의 특별한 생각을 들여다보겠다.

> 독서를 정밀하고 부지런히 하기로는 포희씨만 한 사람이 있겠습니까? 그 정신과 마음은 우주에 널리 펼쳐져 있고 만물에 흩어져 있으니, 이는 단지 문자로 쓰이지 않고 글로 표현되지 않은 문장일 뿐입니다. 후세에 독서를 부지런히 한다고 불리는 사람들은 거친 마음과 얕은 식견으로 마른 먹과 썩은 종이 사이를 흐리멍덩하게 보면서 좀의 오줌과 쥐똥을 주워 모으고 있으니, 이는 이른바 술지게미를 먹고서 취해 죽겠다는 꼴입니다. 어찌 서글프지 않겠습니까?
>
> —〈답경지答京之〉2

연암은 사람들의 독서 행위가 엉성한 정신 상태로 좀 오줌과 쥐똥을 모으는 일에 불과하다고 비꼰다. 왜 연암은 독서 행위를 못마땅해하는 걸까?

연암은 올바른 독서를 실천한 사람으로 포희씨庖犧氏를 꼽는다. 포희씨庖犧氏는 복희씨伏羲氏로 더 알려져 있으며 중국 고대 전설에 나오는 세 임금 중 하나다. 사람의 머리에 뱀의 몸을 지녔다고 한다. 전설에 따르면 복희는 인류에게 대홍수가 일어났을 때 표주박 안에 들어가 있던 덕분에 살아났다. 복희伏羲는 다시 살아났다는 뜻이다. 《주역》, 〈계사전〉에서는 "옛날 포희씨包犧氏가 천하에 왕 노릇 할 때 위로는 하늘에서 상象을 관찰하고 아래로 땅에서 법法을 살피고 새와 짐승의 무늬와 땅의 마땅함을 살펴, 가까이는 자기 몸에서 취하고 멀리는 사물에서 취해 이에 팔괘를 지었다."라고 하였다. 복희씨는 하늘의 형상과 땅의 법을 관찰하고, 자연 사물의 모양을 본떠 팔괘를 만들었다. 최초의 문자에는 자연 사물을 어떻게 재현할지를 고심하던 한 인간의 무한한 상상력과 창조 정신이 담겨 있다. 글의 정신과 의태가 우주 만물에 흩어져 있다는 언급은 이를 말한 것이다. 연암의 표현을 빌리면 우주 만물은 문자로 적지 않고 글월로 표현하지 않은 문장이다. 그러나 세월이 흘러가면서 문자의 글꼴은 본래의 모습을 잃고 추상적인 기호로 바뀌게 되었다. 애초의 창조 언어는 사라지고 진부한 기호만 남게 되었다. 후대의 문자는 더이상 사물을 재현하지 못하게 되었다. 연암은 지금의 문자는 실체를 온전히 재현하지 못하고 낡은 기호로 전락했다는 문제의식을 보인다.

연암은 진정한 책은 자연 사물 그 자체라고 말한다. 해와 달, 뛰노는 사슴, 지저귀는 새, 낮잠 자는 고양이, 흔들리는 나뭇잎 등 자연의 삼라만상이 문자로 적지 않고 글월로 표현되지 않은 문장이다. 그런데 사람들은 눈 앞에 펼쳐진 삼라만상의 몸짓을 외면하고 낡은 지식을 담은 문자에만 몰입한다. 연암은 그것을 흐리멍덩한 정신 상태로 낡은 종이에 시력을 낭비하며 쥐똥 모으는 행위를 하고 있다고 비판하는 것이다.

천자문을 의심한 소년

연암은 문자에 담긴 지식이 실상을 잘 보여주지 못한다고 생각한다.

> 마을의 어린애에게 천자문을 가르치다가 읽기 싫어하기에 꾸짖었더니, 그 애가 말합디다. "하늘은 푸르고 푸른데 하늘 천天 자는 푸르지가 않아요. 그래서 읽기 싫어요." 이 아이의 총명함이 창힐을 굶어 죽이겠소.
>
> — 〈답창애答蒼厓〉3

연암의 친구였던 창애 유한준에게 보낸 짧은 편지글이다. 창애를 잠깐 소개하자면 그는 젊은 시절엔 연암과 가까웠다. 그러나 문장에 대한 견해 차이로 점점 사이가 벌어졌고 산송山訟 시비까지 겹치면서 원수지간이 되었다. 훗날 유한준은 연암의《열하일기》에 대해 오랑캐의 호칭을 쓴 원고라며 비난을 하고 다녔다. 한때는 절친했던 사이가 원수지간이 된 데는 둘만의 복잡한 사정이 있을 것이다. 창애는 죽기 1년 전에는 연암에 대해 괴상할 정도로 뛰어난 사람이라고 칭찬했다. 어쩌면 창애는 화해하고 싶었는데 그럴 기회를 얻지 못했을지도 모른다. 나쁜 감정을 풀고 싶었으나 끝까지 갈라지는 일이 우리 인생에는 얼마나 많은가? 유한준의 글 가운데 알면 참으로 사랑하게 되고 사랑하면 참되게 보며, 보게 되면 모으게 되니 그것은 다만 모아두는데 그치는 것이 아니다.知則爲眞愛, 愛則爲眞看, 看則畜之, 而非徒畜也.라는 구절이 있다. 창애가 지인인 김광국의 수장품인 《석농화원石農畵苑》의 발문에 써 준 글귀이다. 유홍준 선생이 《나의문화유산답사기》에서 말한 "사랑하면 알게 되고 알면 보이나니 그때 보이는 것은 이전 것과 같지 않으리라."는 말이 여기서 나왔다.

  다시 본문으로 돌아온다. 마을에서 《천자문》을 가르치는데, 한 꼬맹이가 따라 하지 않기에 꾸짖었더니 꼬맹이가 하는 말, "하늘은 푸른데 왜 푸르지 않다고 가르쳐요?"라며 따지더라는 내용이다. 연암은 50살까지 무직, 이른바 백수였다. 생계를 보탤 요량으로 마을 서당에서 훈장 선생을 했을 때의 경험을 바탕으로 쓴 듯하다.

  《천자문》은 중국 남북조시대의 주흥사周興嗣가 황제인 양 무제의 명을 받아 하룻밤 사이에 완성했다는 책이다. 주흥사가 천자문을 만들 때 너무 스트레스를 받은 나머지 머리가 하얗게 세어졌다고 한다. 그래서《천자문》은 백수문白首文이라고도 부른다. 《천자문》은 "하늘 천天, 땅 지地, 검을 현玄, 누를 황黃"으로 시작한다. 하늘은 검고 땅은 누르다는 뜻이다. 그 다음은 집 우宇, 집 주宙, 넓을 홍洪, 거칠 황荒이다. 우주는 넓고 거칠다는 뜻이다. 이같이 천자문은 네 글자가 한 구를 이루어 총 250구로 이루어졌다. 《천자문》은 조선 시대에 지식의 입문서 역할을 했다. 오늘날의 초등학교 국어 교과서 격이다. 아이들은 문자를 배울 나이가 되면 서당이나 가정에서 반드시《천자문》을 달달 외웠다.

그런데 수업을 듣던 한 아이가 하늘은 푸른데 왜 검다고 가르치냐고 묻는다. 일반적으로 하늘은 푸른색이라고 말들 한다. 그런데 천자문에서는 하늘은 검고 땅은 누르다고 가르친다. 이 가르침에 대해 의문을 제기한 사람은 아무도 없었다.

중세 시대에《천자문》에 의문을 품은 사람이 몇 명 있다. 그 중에 다산 정약용은 천자문의 구성이 두서가 없어서 어린이가 배우기에 적당하지 않다고 비판했다.

> 우리나라 사람들은 주흥사의《천자문》을 얻어 어린 아이들을 가르친다. 그러나《천자문》은 자학字學에 관한 책이 아니다. 천지天地란 두 글자를 배워놓고 일월日月, 성신星辰, 산천山川, 구릉丘陵 같은 연결되는 글자를 다 배우지 않았는데 갑자기 내버려두고

"잠시 네가 배우던 것을 그만두고 오색을 배워라."고 한다. 그래서 현황玄黃이란 글자를 배운다. 그러면 청적靑赤, 흑백黑白, 홍자紅紫, 치록緇綠의 차이를 구별하기도 전에 느닷없이 그치게 하고 "잠시 네가 배우던 것을 놓아두고 우주宇宙를 배워라"라고 한다. 도대체 이것이 무슨 방법이란 말인가?

— 정약용, 《천문평千文評》

《천자문》의 첫 시작은 하늘 천天, 땅 지地이다. 하늘과 땅은 자연물이다. 그렇다면 자연과 관련된 글자인 해 일日 달 월月, 별 성星 별 진辰, 산 산山, 냇물 천川 등을 함께 가르치면 더욱 체계적으로 배울 수 있다. 하지만 천지天地 다음은 검을 현玄 누를 황黃이다. 검을 현과 누를 황은 색깔에 관한 글자이다. 그렇다면 색깔과 관련된 푸를 청靑, 붉을 적赤, 검을 흑黑, 흰 백白 등을 함께 배우면 효과적인 학습이 이루어진다. 하지만 곧바로 집 우宇 집 주宙, 생뚱맞게 우주가 나온다. 이렇게 체계도 논리도 없이 가르치는 것이 무슨 어린이용 학습서냐는 것이다. 실제로 천자문은 글자의 난이도나 단계별 수준은 전혀 고려하고 있지 않다. 그리하여 다산은 자신이 직접 어린이를 위한 한자 학습서인 《아학편》을 지었다.

다산이 문제 삼는 것은 글자의 구성 방식이다. 연암은 더 나아가 《천자문》이 담고 있는 지식의 내용을 부정하는 것이다. 누군가는 밤하늘을 이야기한 것이라고 반론을 제기할 수 있겠다. 그러나 일반 상식에서는 하늘은 푸르다고 말한다. 또 누군가는 검을 현玄은 단순히 검은색이 아니라 그윽한 현묘함을 뜻한다고 말하기도 한다. 현玄은 그저 새까맣다는 뜻이 아니라 그윽한 깊음을 뜻한다. 연탄의 검음을 나타내는 검을 흑黑과는 의미가 다르다. 현玄은 깊은 물 속과 같이 헤아릴 수 없는 깊이를 가진 검음이다. 우주의 본래 색이라고 볼 수 있겠다. 그러나 지구를 세계의 중심으로 생각했던 중세 사람들이 우주의 깊이를 인식했을 것 같지는 않다. 하늘은 본래 검은데 빛의 굴절로 파랗게 보인다는 과학적 진실을 알고 있었을 리도 없다.

누구도《천자문》의 내용에 의문을 품는다는 것은 상상조차 하지 못했다. 초등학교 국어 교과서에 대해 의문을 품어본 적이 있는가? 하지만 연암은 지식이 온전한 진실을 담고 있지 못하다는 사실을 말하려 한다. 하늘은 검지 않다고 외치는 꼬마 아이의 시선을 갖추어야 한다고 말하고 있다.

연암은 문자와 지식이 제 역할을 하지 못한다고 생각한다. 〈허생전〉에도 관련한 내용이 있다. 허생이 도둑 2천 명을 데리고 무인도에서 공동체 생활을 실현한 후에 섬에서 나올 때 글을 아는 자들을 데리고 나오며 다음과 같이 말한다. "이 섬에 화근을 없애야겠다." 글을 아는 자들을 재앙의 뿌리라고 여기고 있다. 연암은 문자와 글이 실체를 담고 있지 못하며 글을 아는 자들,

이른바 지식인이 지식을 왜곡하고 있다고 생각한다. 지식이 낡은 생각을 담고 있어서 지식을 배울수록 선입견과 편견이 깊어진다고 생각한다. 그러므로 낡은 문자 체계인 책을 읽는 행위는 좀 오줌과 쥐똥을 모으는 행위가 되는 것이다.

사물 읽기가 책 읽기다

그러면 어찌할까? 책을 읽지 말아야 하나? 독서 행위를 비판한 다음의 글을 보자.

> 저 허공 속을 날며 우는 새는 얼마나 생기가 넘칩니까? 그런데 허무하게 '새 조鳥'라는 한 글자로 생기를 말살해 빛깔도 없애고 모습과 소리를 삭제하고 맙니다. 마을 모임에 나가는 촌 늙은이의 지팡이 끝에 새겨진 새와 뭐가 다르겠습니까? 어떤 이는 늘 쓰는 말이 싫다고 가볍고 맑은 글자로 바꿔 볼까 해 '새 금禽' 자로 바꿔 쓰기도 합니다. 이는 책만 읽고 글을 쓰는 자들에게 나타나는 병폐입니다. 아침에 일어나니 푸른 나무 그늘진 뜰에 철새가 짹짹거립니다. 부채를 들어 책상을 치며 크게 외쳤지요. "이것이 내가 말한 '날아가고 날아온다'는 글자고, '서로 울고 서로 화답한다'는 글이다. 온갖 빛깔을 문장이라고 한다면 이보다 더 나은 문

장은 없다. 오늘 나는 글을 읽었다."

− 〈답경지答京之〉2

　문자에는 사물의 모양과 색과 소리가 담겨 있지 않다. 다른 비슷한 말로 바꾸어 쓴다 해도 진부함이라는 한계를 벗어나지 못한다. 그럼 어찌할까? 아침에 일어나 뜰을 바라보니 푸른 나무 사이로 새들이 짹짹 지저귄다. 그 순간 연암은 깨달음이 밀려온다. 저것이야말로 날아갔다 날아오는 글자이고 서로 울고 화답한다는 글이로구나. 지금 내가 보고 있는 눈앞의 풍경이 훌륭한 책이고 그것을 꼼꼼히 관찰하는 행위가 진정한 책 읽기인 것이다. 그러므로 연암에게 진정한 책 읽기는 사물 읽기이다. 최고의 문장은 눈앞에 펼쳐있는 자연 사물이다. 자연 사물은 문자로 쓰이지 않고 글로 표현되지 않은 글이다. 자연을 관찰하는 일과 책을 읽는 행위는 등가等價의 의미를 갖는다. 참된 독서를 하고 싶다면 낡은 기호 지식에 갇히지 말고 눈앞의 생생한 현장을 자세히 들여다보아야 한다.

　연암의 생각에 따르면 참된 것은 바로 내 눈앞에 있다. 이를 즉사卽事라고 한다. 사람들이 모범으로 떠받드는 고대 중국은 지금 여기가 아니며 반고와 사마천은 과거의 죽은 사람일 뿐이다. 그러므로 과거가 아무리 훌륭해도 먼 옛날을 취해서는 안 되며 반고와 사마천이 다시 태어난다고 해도 이들을 똑같이 따라가서는 안 된다. 참된 것은 지금 눈앞에 있다. 그림으로 그린 계수나무는 아무리 근사해도 살아 있는 오동나무만 못하다. 아무리 훌륭한 그림일지라도 지금 살아 있는 사물보다 더 실감 날 수는 없다. 그러므로 사물에 직접 나아가 그 몸짓을 잘 관찰하고 음미해야 한다.

> 그대는 신령스런 지각과 예민한 깨달음이 있다고 남에게 잘난 척하거나 사물을 업신여기지 말게. 저들이 만약 약간이라도 신령스런 깨달음이 있다면 어찌 스스로에게 부끄럽지 않겠으며, 저들이 만약 신령스런 지각이 없다면 잘난 척하고 업신여긴들 무슨 소용이 있겠는가? 우리는 냄새나는 가죽 부대 속에 문자를 갖고 있는 것이 남들보다 조금 많은 데 불과하다네. 저기 나무에서 매미가 시끄럽게 울고 땅속에서 지렁이가 소리 내는 것이 시를 읊고 책을 읽는 소리가 아니라고 어찌 장담하겠는가?
>
> - 〈초책에게 주다與楚幘〉

연암이 초책楚幘이란 사람에게 보낸 편지이다. 초책이 사람들 앞에서 잘난 척 뻐기고 다른 생명을 함부로 업신여겼던 모양이다. 우월의식을 갖게 되면 남을 얕잡고 자연 사물을 함부로 해친다. 연암은 인간 스스로가 우월하다고 여기는 것으로 다른 존재를 무시하지 말라고 핀잔을 준다. 인간의 지식이 대단한 듯 보이지만 알고 보면 냄새나는 가죽 부대 같은 몸에 문자 몇 개를 조금 더 아는 것에 불과하다. 연암은 사물의 활동을 인간의 행위와 다르게 보지 않는다. 나무에서 우는 매미 소리는 인간이 시를 읊는 행위와 같다. 땅속의 지렁이 소리는 인간이 책 읽는 소리에 해당한다. 인간만이 문화 활동을 한다는 생각은 인간 우월의식에 불과하다. 하늘의 눈으로 보면 지구상의 모든 생명체는 각자 삶의 방식으로 살아가는 것이다. 그러니 인간만이 만물의 영장이라는 착각에 빠져 다른 자연 사물을 함부로 파괴하거나 업신여겨서는 안 된다.

연암은 자연을 창조와 변화의 현장으로 생각한다. 자연은 끊임없이 생명을 낳은 생명 활동의 공간이며, 미지의 존재로 가득한 신비의 세계이다. 자연은 끊임없이 변화하는 과정 가운데 있으며, 인간의 지식으로는 알 수 없는 영험함을 간직하고 있다. 자연은 충분히 존중받아야 하며 배워야 할 대상이다. 그러므로 구태여 지나가 버린 과거의 지식을 본뜰 것 없이 저 훌륭한 책인 자연 사물의 몸짓을 잘 읽어내고 배우면 된다.

나는 이것을 이른바 연암의 독서 개념에 대한 패러다임의 전환이라고 말하련다. 책 읽기의 대상이 문자에서 사물로 바뀐 것이다. 조선조 선비들은 글에는 성인의 정신이 담겨 있다고 믿었다. 글은 성인의 도를 싣는 도구로써 독서는 성인의 정신을 들여다보는 일이다. 그리하여 독서의 목적을 수기치인修己治人하여 인격을 완성하는 데에 두고 성인의 수준을 따라가기 위해 책을 읽었다. 그렇지만 연암은 기호로 쓰인 글은 상투적인 말과 죽은 구절만 늘어놓고 있다고 생각한다. 사람들은 고대 중국의 요임금 순임금 시절이 가장 이상적인 시절이며 춘추전국시대의 글에 성현의 진리가 담겨 있다고 생각했다. 진리가 먼 옛날에 고정되어 있으면 지금에 가까울수록 도덕과 윤리는 퇴보하는 것이고 문화 수준도 격이 낮아진다고 생각하게 된다.

그러나 연암은 지금 눈앞이라는 삶의 현장이 중요하다고 여긴다. 그리하여 글의 의미를 자연 사물로 확장하여 새로운 의미의 독서 개념을 만든다. 지구는 하나의 거대한 책이고, 지구라는 공간에서 살아가는 모든 생명체는 하나하나가 새로운 몸짓이고 삶의 양상들이다. 그 자연 사물의 몸짓과 생태를 자세히 관찰하고 음미하는 것이 최고의 독서가 되는 것이다.

그러므로 이제 좋은 책 읽기는 활자화된 책을 읽는 행위가 아니라 눈앞의 사물과 현실을 꼼꼼하게 살피는 일이 된다. 좋은 독서는 사물 읽기이고 현실 읽기이다.

> 옛사람 중에 글을 잘 읽은 사람이 있었으니 공명선이 바로 그요, 옛사람 가운데 문장을 잘 쓰는 자가 있었으니 회음후 한신이 바로 그다. 왜일까? 공명선이 증자에게 배울 때 3년 동안 책을 읽지 않았다. 증자가 그 까닭을 물으니 공명선이 대답했다. "제가

스승님께서 집에 계시는 모습을 보았고, 손님을 접대하시는 모습을 보았으며, 조정에 계시는 모습을 보면서 배웠으나 아직 잘하지 못합니다. 제가 어찌 감히 배우지도 않으면서 스승님의 문하에 있는 것이겠습니까?"

— 〈초정집서楚亭集序〉

공명선은 스승인 증자 밑에서 삼 년 동안 문하생으로 지내면서 책을 읽지 않았다. 하루는 증자가 그 이유를 물었다. 그러자 공명선은 다음과 같이 대답했다. "제가 스승께서 집에서 생활하시는 것을 지켜보았고, 스승께서 손님 접대하시는 것을 지켜보았으며, 스승께서 조정에서 처신하는 것을 보았습니다. 배웠지만 능히 하지 않았을 뿐입니다." 공명선은 수백 권의 책을 읽는 대신 스승의 삶을 몸소 옆에서 지켜보며 배웠다. 연암은 공명선이 글을 잘 읽은 사람, 곧 선독서자善讀書者라고 평가한다. 잘 읽는다는 것은 눈으로 지식을 따라가는 행위가 아니다. 문을 걸어 잠그고 방안에 틀어박혀 글자만 들여다보는 것은 좋은 독서가 아니다. 좋은 독서는 일상의 모습을 잘 관찰하고, 사물의 문심文心을 읽어내는 데 있다. 과거의 지식에 갇히지 않고 지금 여기의 삶, 생생한 사물의 몸짓을 읽어내는 것이 참된 독서이다. 삶과 무관한 독서, 현실에 소용이 되지 못하는 독서는 제대로 된 읽기가 아니다.

지구라는 삼라만상이 거대한 책이고 눈앞의 사물 읽기, 현실 읽기가 좋은 독서라는 연암의 생각은 타성에 젖은 독서 관습에 신선한 자극을 준다. 연암은 책이 낡고 뒤떨어진 지식을 담고 있다고 보고 문자 기호에서 벗어나 사물 앞으로 나아가라고 말하고 있다. 그러나 인간의 지식은 문자를 통해 기록된다. 따라서 연암이 사물 읽기를 강조하는 것은 문자를 부정하려는 것이 아니라 문자의 한계를 깨닫게 하여 제대로 된 책 읽기로 나아가게 하기 위함으로 보아야 한다.

글 읽기의 요령, 요약과 깨달음

〈소완정기素玩亭記〉에는 독서의 요령이 실려 있다. 〈소완정기〉는 제자인 낙서 이서구李書九, 1754~1825가 방 안에 책을 가득 쌓아 놓고 서재 이름을 소완정素玩亭이라고 짓자, 연암이 '소완'의 참된 의미를 깨우쳐 준 글이다. 연암은 방 안에 책을 쌓아 두고서 달달 암기하거나, 이것저것 많은 책을 본다고 해서 깨달음을 얻을 수는 없다고 말한다. 책의 모든 지식을 암기해도 억지로 주입한 정보는 낡은 지식에 불과하다. 그러면서 책 읽기의 요령을 들려준다.

"자네는 물건 찾는 사람을 보지 못했나? 앞을 보면 뒤를 못 보고, 왼쪽을 돌아보면 오른쪽을 보지 못한다네. 왜 그럴까? 방 가운데 앉아 있으면 몸과 물건이 서로 가리게 되고 눈과 공간이 너무 가깝게 된다네. 차라리 방 바깥으로 나가 문에 구멍을 뚫고 살펴보는 것이 가장 좋다네. 한쪽 눈만을 집중하더라도 방 안의 물건을 죄다 볼 수 있지." 낙서가 감사하며 말했다. "이는 선생님께서 저를 약約, 즉 '요약'을 가지고 이끌어 주신 거군요." 나는 계속 말했다. "자네가 이미 '요약'의 이치를 알았으니 또 눈으로 보지 않고 마음으로 비춰 봐야 하는 것에 대해 가르쳐 주어도 되겠군. 모름지기 해는 매우 활발한 양陽의 기운이라네. 온 세계를 감싸 주고 만물을 길러 주지. 젖은 곳을 비추면 마르게 되고 어두운 곳이 햇빛을 받으면 밝아지네. 그렇긴 하나 나무를 태우거나 쇠를 녹이지 못하는 것은 어째서일까? 빛이 널리 퍼져 정기精氣가 흩어지기 때문이라네. 만약 만 리에 퍼진 햇빛을 거두어 좁은 틈으로 빛을 모아 둥근 유리알로 통과시켜 그 정기를 콩알만 한 크기로 만들면 처음에는 연기가 나며 반짝반짝 빛나다가 갑자기 불꽃이 일며 활활 타오른다네. 왜 그럴까? 빛이 한곳에 집중되어 흩어지지 않고 정기가 모여 하나로 되었기 때문이라네." 낙서가 감사하며 말했다. "이는 선생님께서 저를 오悟, 즉 깨달음을 가지고 타일러 주신 거군요."

― 〈소완정기素玩亭記〉

먼저는 요약을 할 수 있어야 한다. 무조건 닥치는 대로 읽는다고 해서 많이 배우는 것이 아니다. 열을 다 외우려고 하다 보면 오히려 하나도 기억하지 못한다. 몸은 방밖에 두고 창문에 구멍을 뚫고 안을 들여다보면 전부를 볼 수 있듯이 전체 가운데 중요한 부분에 집중해서 읽는 것이 효율적 읽기이다. 책 속에 함몰되지 않고 비판적이고 객관적인 시각에서 주어진 정보를 요약할 수 있어야 한다. 요약의 독서는 박이약지博而約之와 통한다. 널리 보되 중요한 부분에 집중하는 것이다. 책 전부를 꼼꼼히 보지 않아도 중심 내용에 집중하면 제대로 된 읽기가 된다.

그 다음은 깨달음悟이 필요하다. 일목요연하게 체계화한 지식을 완전히 자신의 것으로 만드는 것이다. 연암의 비유를 빌리자면 텅 빈 방에 모인 햇빛의 정기를 유리알에 받아 집약시켰을 때 갑자기 불꽃이 타오르는 상태이다. 햇빛은 모든 사물을 두루 비추나, 사물을 태우지는 못한다. 유리알로 햇빛을 한데 모아야 불꽃이 타오른다. 흩어진 햇빛을 하나로 모으는 것이 요약이라면 갑자기 불꽃이 타오르는 것은 깨달음悟이다. 깨달음은 회심會心과 같은 뜻이다. 글쓴이의 고심을 마음으로 느끼고 이해하는 것이다. 여기저기 흩어진 정보를 의미화하지 못하고 읽는 독서는 무용한 행위이다. 그것은 연암이 말한 흐리멍덩한 정신으로 좀 오줌과 쥐똥을 모으는 행위이다. 글쓴이의 마음으로 들어가 글의 핵심에 집중하면 어느 순간 글쓴이와 교감하고, 글쓴이의 마음을 읽게 된다.

고심처를 읽어라

글쓴이의 마음을 읽는다는 것은 글쓴이의 고심처苦心處를 이해하는 것이다. 곧 글을 읽는다는 것은 눈으로 보는 행위가 아니다. 글쓴이의 마음을 읽는 일이고, 궁극적으로는 글쓴이의 고심처를 이해하는 행위이다. 고심처와 관련해 연암은 나비 잡는 소년의 비유를 들려준다.

그대가 사마천의 《사기史記》를 읽었다 하나 그 글만 읽었지 그 마음은 읽지 못했습니다. 왜냐고요? 〈항우본기項羽本紀〉를 읽을 때 제후의 군대가 성벽 위에서 초나라 군대의 싸움을 구경하던 장면을 떠올리라거나, 〈자객열전刺客列傳〉을 읽을 때 고점리가 축筑을 연주하던 장면을 떠올리라니 말입니다. 이런 것들은 늙은 서생의 케케묵은 말입니다. 또한 살강 밑에서 숟가락 줍는 것과 뭐가 다르겠습니까? 어린아이가 나비 잡는 것을 보면 사마천의 마음을 얻을 수 있습니다. 앞다리는 반쯤 꿇고, 뒷다리는 비스듬히 발돋움하며 손가락을 집게 모양으로 해서 다가갑니다. 잡을까 말까 망설이는 순간 나비는 날아가고 맙니다. 사방을 둘러보니 아무도 없기에 겸연쩍어 씩 웃다가 부끄럽기도 하고 속상하기도 합니다. 이것이 사마천이 《사기》를 저술할 때의 마음입니다.

- 〈답경지答京之〉3

사마천이 쓴 《사기》는 동양 최고의 명저로 꼽힌다. 우리나라와 중국을 막론하고 왕부터 선비에 이르기까지 최고의 역사서로 꼽는 고전이다. 사마천은 흉노족에 항복한 이릉 장군을 변호하다가 황제의 노여움을 사서 궁형(생식기를 제거하는 형벌)을 당했다. 궁형을 당하면 자살을 하는게 관례였다. 하지만 사마천은 자살을 선택하지 않고 그 불운의 마음을 담아 《사기》를 완성하는 데 힘을 쏟았다. 그리하여 후대의 학자들은 《사기》엔 사마천의 발분저서發奮著書의 마음이 담겨 있다고 말한다. 현실에서 이루지 못한 작가의 울분과 한, 좌절 의식을 작품 속에 넌지시 숨겨 놓았다는 것이다.

연암은 독자가 《사기》를 읽을 때 글의 거죽만 읽고 작가의 고심을 놓치는 독서를 비판한다. 〈항우본기〉에서 제후의 군대가 성벽 위에서 초나라 군대의 싸움을 구경하던 장면이라든가 〈자객열전刺客列傳〉에서 고점리가 축筑을 연주하던 장면은 매우 흥미진진한 작품의 백미로 알려져 있다. 사람들은 〈항우본기〉를 이야기할 때는 치열하게 전투하는 장면에 집중하고 〈자객열전〉을 읽으면 두 등장인물이 강가에서 축을 치며 눈물 흘리는 장면을 떠올린다. 〈춘향전〉에서 통쾌한 장면을 떠올릴 때면 "암행어사 출또야"를 외치는 장면을 생각하고, 슬픈 장면을 떠올릴 때면 이 도령과 춘향이 광한루에서 이별하는 장면을 떠올리는 것과 같은 맥락이다. 그러나 연암은 극적이고 흥미 위주의 부분만 주목하는 것은 부뚜막에서 숟가락을 줍는 것과 같이 너무 뻔하고 진부한 읽기 행위라고 비판한다.

그러면서 사마천의 마음을 읽으려면 어린아이가 나비 잡는 상황을 이해해야 한다고 말한다. 아이가 나비를 잡으려고 살금살금 다가갈 때 그 눈과 마음은 오직 나비에게만 집중한다. 그러나 목표물을 잡았다고 생각한 순간 나비는 호로록 날아가 버리고 만다. 무안한 마음에 씩 웃다가 분한 마음에 속상하기도 하고 화가 나기도 한다. 그 뭔가 좀 억울하고 분한 마음이 사마천이 글을 쓸 때의 심정이고, 그 마음을 읽어내는 것이 진정한 책 읽기라는 것이다. 올바른 책 읽기는 그저 흥미나 재미를 위해 읽는 것이 아니라 문자 속에 작가가 들려주고 싶었던 고심처苦心處를 읽는 데 있다.

연암은 〈원사原士〉에서 "무릇 성인의 글을 읽어도 성인의 고심苦心을 터득할 수 있는 사람은 드물다."라고 했다. 작가의 마음으로 들어가 작가가 미처 표현하지 못한 그 속마음을 이해하는 것, 그것이 고심처 읽기이다.

투명해야 밝음을 받아들인다

그런데 요약하여 깨달음에 이르는 독서를 위해 전제되어야 할 마음가짐이 있다. 연암은 이를 허虛라고 말한다.

> 나는 또 말했다. "무릇 하늘과 땅 사이에 흩어져 있는 것들은 모두가 이 책들의 정기라네. 본시 방 가운데서 제 몸과 물건을 바싹 가로막고 본다고 해서 구할 수 있는 게 아니지. 그러므로 포희씨가 문文을 관찰한 것에 대해 '우러러 하늘을 살피고 굽어 땅을 살폈다'고 한 것이네. 공자는 포희씨가 문을 관찰한 것을 훌륭하게 여겨 이어 말하길, '가만히 거처할 때는 그 말을 완미玩味한다' 했네. 무릇 완미한다는 것이 어찌 눈으로 보고 살피는 것이겠는가? 입으로 맛봐야 그 맛을 얻게 되고, 귀로 들어야 그 소리를 얻으며, 마음으로 이해해야 그 정수를 얻는 것이라네. 지금 자네가 창문에 구멍을 뚫어 오로지 한쪽 눈에 집중하고, 둥근 유리알로 빛을 받아 마음으로 깨달음을 얻었다 치세. 그러나 창문이 투명하지 않으면 밝음을 받아들일 수 없고, 유리알이 투명하지 않으면 정기를 모을 수 없다네. 무릇 뜻을 밝히는 이치는 본디 마음을 비워 외물外物을 받아들이며, 담박하게 해 사심이 없는 데 있다네."
>
> ─ 〈소완정기〉

하늘과 땅 사이에 흩어져 있는 온갖 삼라만상이 책의 근원적인 기운이다. 박제가의 말에 따르자면 산과 냇물, 풀과 나무는 글자로 되지 않은 시구詩句이다. 곧 지구라는 땅은 거대한 책이며 눈앞의 사물과 현실을 잘 관찰하고 살피는 것이 진짜 독서이다. 문자를 처음 만든 포희씨가 이 마음으로 문자를 만들었다. 이른바 관천찰지觀天察地의 마음, 하늘을 관찰하고 땅을 살핀 정신이다. 관천찰지의 정신은 하늘과 땅의 사물을 잘 관찰해서 문자로 옮기는 상상력과 창조 정신이다. 그러니 방안에 틀어박혀 문자에 갇히는 행위는 제대로 된 책 읽기가 아니다. 나를 둘러싼 사물과 현상을 잘 살펴서 새로운 깨달음에 이르는 행위가 진정한 책 읽기이다.

그런데 저 삼라만상의 현상을 선입견 없이 보기 위해서는 먼저 내 마음을 비워야 한다. 비움虛은 욕심과 사심을 없애는 것이다. 사심은 자신의 욕망을 채우기 위해서 글을 읽는 것이다. 연암은 〈원사〉에서 "글을 읽어서 크게 써먹기를 구하는 것은 모두 사사로운 마음 때문이다. 일 년 내내 글을 읽어도 학업이 진보하지 않는 것은 사심이 해를 끼치기 때문이다."라고 말한다. 책을 읽어서 무언가를 얻어보겠다는 욕심을 부리면 진정한 깨달음에 이를 수 없다.

연암을 가장 존경했던 19세기 학자 항해 홍길주는 독서는 다만 책 속에 있지 않고 산과 시내, 구름과 새, 풀과 나무 등 일상의 자질구레한 일에 있다고 말한다. 책을 가득 쌓아 두고 무조건 많이 읽는다고 제대로 된 독서가 아니다. 진정한 책 읽기는 낡은 지식을 넘어 눈앞의 삶과 현실을 세심하게 들여다보는 것이다.

삶을 개선하는 독서

그렇다면 책을 읽는 궁극적인 목적은 무엇일까? 책을 읽는 일 자체가 좋아서일 수도 있고 정보나 교양 지식을 얻기 위해서일 수도 있다. 혹은 글쓰기 요령을 익히고 싶어서 책을 읽기도 한다. 그러나 연암은 다르게 말한다.

> 무릇 독서하는 사람은 독서를 통해 무엇을 하려는 것인가? 글 짓는 기술을 풍부하게 함인가? 글 잘한다는 명예를 높이기 위함인가? 학문을 강론하고 도를 논의하는 것은 독서의 일이요, 효제충신은 강학의 실체요, 예악형정은 강학의 응용이다. 독서하되 실제의 쓰임을 모른다면 참된 강학이 아니다. 강학에서 귀하게 여기는 점은 장차 실제로 쓰이게 하려는데 있다.
>
> - 〈원사原士〉

연암은 독서가 실제 현실에 도움을 주어야 한다고 말한다.

배운 지식이 공허한 구호에 그쳐서는 안 되며, "독서를 하면 그 은택이 천하에 미치고 그 공덕이 만세에까지 전해진다."라고 하여 독서의 효과가 온 천하에 미쳐야 한다고 역설했다. 연암은 현실에는 아무 소용되지 않는 잡담 성격의 글을 거부했다. 열매는 맺지 못하면서 화려하기만 한 꽃나무는 쓸모없다고 보아 열매를 맺어서 실제 도움을 주는 꽃을 가까이했다. 독서의 결과가 실제 현실에 도움을 주고 삶을 개선하도록 해야 한다고 생각했다.

〈허생전〉에는 연암의 독서관이 잘 나타나 있다. 허생은 애초엔 일은 안 하고 글 읽기만 좋아하는 가난한 선비였다. 그는 기술자가 될 만한 특별한 기술도 없었고, 장사를 할 만한 밑천도 없었다. 그저 책만 읽는 무능력한 사람이었다. 하루는 배가 몹시 고픈 아내가 마침내 버럭 화를 냈다. "밤낮으로 책만 읽더니 고작 배운 것이 어찌하란 말 뿐이가요? 장인바치 일도 못하겠다 하고 장사도 못하겠다 하면, 도둑질이라고 해야 하지 않겠어요?"

그제야 허생은 읽던 책을 덮고 집을 나가 큰 능력을 발휘하여 일만 냥을 빌려 백만 냥의 돈을 벌었다. 나라에 큰 근심이었던 도둑들을 데리고 무인도에 들어가 구제 활동을 하고 삶을 풍족하게 만들었다. 무능력하게 글만 읽던 선비였던 허생이 아내의 자극에 분발해서 경세제민을 실현해 나갔다. 연암은 허생의 상행위를 통해 독서가 삶에 아무런 보탬이 되지 못한다면 아무

소용이 없으며, 삶과 현실을 바꾸는데 도움이 되어야 한다고 말한다. 연암의 독서 목적은 삶을 풍요롭게 만들고 현실을 개선해 나가는 데 있었다.

"나는 젊어서부터 독서를 좋아해서
바쁘고 소란스러운 와중에서도
하루도 정해 놓은 분량을 읽지 않은 적이 없었는데,
읽은 경經·사史·자子·집集을
대략만 계산해 보아도 그 수가 매우 많다.
그에 대한 독서기讀書記를 만들고자 하여,
사부四部로 분류한 다음 각각의 책 밑에
편찬한 사람과 의례를 상세하게 기록하였으며,
끝에는 어느 해에 송독했다는 것과
나의 평론을 덧붙여서 하나의 책을 만들었다."
-《일득록》,〈문학〉

정조는 하루에 글을 몇 번 읽고 몇 줄 읽을 것인지까지 반드시 과정을 정해 놓고서 아무리 바쁜 일이 있어도 반드시 실천했다. 이러한 습관은 지식의 확장에도 도움을 주지만 마음을 붙드는 데도 유익하다. 정조는 독서 분량이 많아지자 독서기를 따로 만들었다. 독서기는 책 읽은 주제를 경經, 사史, 자子, 집集으로 분류한 후 각 책 아래에 작가와 범례를 자세히 기록하고 나서 책을 읽은 연도와 소감을 적어 넣은 것이다. 정조는 독서기를 작성하여 평생의 공부를 일목요연하게 살피고 부족한 점을 보완해 갔다.

學 배울 학
집 안에서 자식이 손에 산가지를 들고 숫자를 배우는 모습을 나타냈다. 정조는 배움을 좋아하는 호학(好學) 군주였다.

국왕의 독서론

책으로 정치하다,
정조의 활법活法의 책 읽기

    정조는 역대 임금 가운데서도 가장 책 읽기를 즐긴, 독서와 호학好學의 군주이다. 역대 임금을 통틀어도 정조만큼 다양하게 책을 읽고 많이 쓴 임금은 찾기 힘들다. 정조가 쓴 《홍재전서弘齋全書》에는 정조가 읽은 문헌이 375종에 이른다. 중국본 뿐만 아니라 우리나라 본도 76종에 이르며, 경전과 유가 책뿐만 아니라 불가, 도가, 법가 등 제자백가서부터 병법, 의학, 농업 분야에 이르기까지 폭넓은 독서 경험을 보여주고 있다. 정조는 자기 자신을 군주이자 스승인 군사君師라고 일컬으며 신하들을 가르칠 정도로 책을 즐겨 읽었다. 문화 부흥을 이끈 원동력이 정조의 독서 사랑에 있다.

    그러나 정조는 한편으로는 이른바 바르고 고운 문체 쓰기 운동인 문체 파동을 일으켜 새로운 문학의 흐름을 막는 데 앞장서기도 했다. 이 때문에 정조가 진정한 개혁 군주인가에 대한 논란이 일어나기도 했다. 정조가 문체 파동을 일으킨 것은 서학(천주교)을 받아들였던 남인을 보호하기 위한 정치적 목적이라는 것이 세상에 널리 퍼진 견해이다. 정말로 그럴까? 정조의 독서관을 꼼꼼하게 살펴서 이 질문에도 답해보려 한다.

책 읽기를 사랑한 정조

정조는 책을 읽는 것은 차를 마시거나 밥을 먹는 것과 매한가지라고 말한다. 정조는 독서 대왕이라 불려도 좋을 만큼 책을 좋아하고 책을 가까이했다. 고전 시대 지식인은 책 읽기를 정체성으로 삼긴 했으나 정조의 독서 사랑은 특별히 남달랐다. 글 읽는 소리 듣기를 좋아해서 밤늦도록 장단에 맞춰 무릎을 쳐가며 글을 읽었다. 종일 꿇어앉아 책을 읽다가 입고 있던 바지가 뚫어질 정도였다. 어릴 때에 이미 사서四書와 이경二經을 독파했으며 세자 시절에 우리나라 문집을 수백 권 읽었다.

정조의 각별한 독서 습관은 할아버지인 영조의 특별한 관심에 힘입는다. 정조는 여덟 살 때 왕세손에 책봉되었다. 세손이 된 정조는 왕세손의 교육을 맡은 강서원講書院에서 《논어》, 《소학》, 《동몽선습》 등을 다 읽었다. 영조는 세손의 공부 상황을 일

일이 확인하며 공부한 내용을 직접 질문했으며 세손의 교육을 맡은 관원에게 공부의 진행 상황을 수시로 검사하였다. 세자 교육에 대한 영조의 특별한 관심 덕분에 정조는 책을 더욱 열심히 읽었으며 왕으로서의 자질을 배워갔다. 왕위에 오른 후 정조는 할아버지 영조의 각별한 교육에 대해 다음과 같이 고백했다.

> "지금 내가 일상에서 사용하는 글은 모두 어릴 적 읽은 데서 나왔다. 나는 어릴 적에 이미 사서와 시경詩經, 서경書經을 읽었고 매번 선조 대의 전질을 공부해서 익숙하게 읽었고 외울 수 있었다. 지금 생각하면 선대왕 영조께서 가르치신 공이 아님이 없다."

나의 개인 의견이긴 하지만, 어쩌면 영조가 자식인 사도세자를 뒤주에 가두고 참혹하게 죽게 만든 배경에는 정조에 대한 각별한 사랑이 자리 잡고 있다고 본다. 영조는 활쏘기 말타기를 좋아한 사도세자 대신에 책 읽기를 사랑했던 정조를 임금으로 세우고 싶었을 것이다.

정조의 아버지인 사도세자가 뒤주에 갇혀 죽은 1762년, 11살의 세손 정조는 왕세자가 되었다. 왕세자가 된 정조는 시강원에서 교육을 받게 되었는데, 이른바 서연書筵이라 불리는 독서 교육을 받았다. 서연書筵은 조선 시대 왕세자를 위한 교육 제도로써 책을 공부하기 위해 만든 자리란 뜻이다. 왕의 자질을 익히기 위해 주로 유교 경전이나 사서와 관련한 책을 가르쳤다. 효와 충신忠信을 강조했으며 《소학》과 《효경》을 먼저 가르쳤다. 조선 시대 임금들이 효를 특별히 강조한 것은 충과 효를 가장 중요한 윤리 덕목으로 가르쳐온 국가 이데올로기에 말미암는다.

서연 교육의 특징은 암기가 아닌 토론식 수업이었다. 정조는 토론과 문답 중심의 독서 교육을 익혀 통치자의 자질을 배워 나갔다. 정조는 왕위에 오른 뒤에도 신하들과 토론하기를 즐긴 것으로 나타나는데 이는 세자 시절부터 배운 토론 학습 덕분이었다.

> 내가 동궁에 있을 적에 교육했던 관료 중에는 경학經學으로 이름난 선비가 많았다. 매번 잠을 여쭙고 수라상을 살피는 틈틈이 이들과 아침저녁으로 만나서 토론하였다. 또 방 하나를 깨끗이 청소한 다음 차분히 궁리격물窮理格物의 학문을 했었는데, 어떤 때는 종일토록 꿇어앉아 있기도 하였다. 그 때문에 입고 있던 바지가 뚫어지기까지 하였으니, 이 일이 지금까지 궁중에 전해져 오고 있다.
>
> - 《일득록》,〈문학文學〉

옛 선비가 배움을 논하면서 '보고 들은 것이 없으면서 마음이 넓어지는 일은 없다.'고 말했는데, '보고 들은 것'이라고 한 것은 사우師友와 토론하는 것과 독서를 많이 하는 것을 말한다. 토론만 중요하게 여겨서도 안 되고 독서만 중시해서도 안 된다. 토론과 독서는 수레의 바퀴와 새의 날개와 같아서 한 가지만 버려도 학문을 할 수 없다.

-《일득록》,〈문학〉

정조는 사물의 이치를 이리저리 끝까지 파고들어 배우는 궁리격물窮理格物의 독서와 의견을 주고받는 토론 학습이 조화롭게 병행될 때 학문이 완성된다고 생각했다. 토론과 독서의 관계를 수레의 바퀴와 새의 양 날개로 비유하여 어느 하나가 없으면 제대로 된 학문이 아니라고 생각했다. 책을 혼자서 읽으면 관념에만 머물 위험이 있다. 생각을 주고받음으로써 배운 지식이 타당한지를 돌아볼 수 있고 개인의 사사로운 생각을 바로잡을 수 있다. 정조는 서연 교육에서 토론하는 법을 배워 관념의 한계를 극복해 나갔다. 나아가 홀로 깊이 탐구하는 궁리窮理의 독서를 하여 생각하는 힘을 길렀다. 어릴 때부터 형성된 정조의 독서 습관은 임금이 된 후에도 변함없이 이어졌다.

　한번은 한밤중까지 책을 읽다가 피곤이 몰려오고 졸음이 쏟아졌는데, 갑자기 한 줄기 닭 울음소리를 듣자 몽롱한 기운이 단번에 사라지고 맑은 기운이 저절로 생겨서 이 마음을 일깨울 수 있었다.

– 《일득록》, 〈문학〉

어떤 이는 가슴이 답답한 사람은 책을 읽을 수가 없는 것이 근심이라고 말한다. 내가 근래에 신하들은 드물게 만나고 책을 가까이하여 정해진 독서를 하느라 더러 밤을 새우기도 하는데, 읽으면 읽을수록 마음이 편안하고 탁 트이는 것을 깨달을 수 있었다. 책을 한 번 읽는 것이 한 잔의 차를 마시는 것보다 나은데, 요즈음은 이 맛을 아는 사람이 드물다.

– 《일득록》, 〈문학〉

정조는 겨울철마다 반드시 한 질의 책을 읽어 과정으로 삼았으며 밤이면 반드시 새벽녘까지 책을 읽었다. 어려운 환경 가운데 고생하면서 공부하는 선비보다 더욱 부지런히 책을 파고들었다. 좋아서 하는 일이기에 피곤한 줄도 몰랐다. 어떤 날은 책을 읽다가 잠이 들 뻔했는데 닭울음 소리가 나자 맑은 마음이 절로 생겨 기운을 회복하기도 했다. 가슴이 답답할 때 책을 읽으면 마음이 안정되고 기분이 바뀌었다. 책 읽느라 밤을 새우는 일은 정조에겐 일상의 경험이었다.

이같이 정조는 어린 시절부터 할아버지인 영조의 특별한 관심과 왕세자로서의 독서 교육에 힘입어 임금이자 학문적 스승인 군사君師로서의 면모를 착실히 갖추어 갔다. 독서 관련 기록 곳곳에 보이는 정조의 독서 습관은 독서 대왕으로 불리는 정조의 애서벽愛書癖을 잘 보여주고 있다.

패관소품을 금하다

정조 15년1791, 진산군에 거주하던 천주교 신자 권상연과 윤지충이 신주神主를 불사르는 사건이 일어났다. 권상연과 윤지충은 참수형을 당하고 천주교 서적은 압수당했다. 집권 세력이었던 노론 벽파는 이 사건을 빌미로 천주교 신자가 많았던 남인 세력을 몰아세웠다. 이때 정조는 다음의 말로 남인을 감싸 주었다. "서학천주교을 금지하려면 패관잡기稗官雜記부터 금해야 하고 패관잡기를 금하려면 명나라 말 청나라 초의 문집부터 금지해야 한다." 정조는 서학에 대한 비난의 화살을 당시 유행하고 있던 패관잡기로 돌렸다. 중국으로부터 쏟아지는 패관잡기를 막으면 서학은 자연히 사라진다는 논리였다. 그리고는 중국으로부터 들어오는 일체의 패관소품 글을 금지하고 홍문관에 소장되어 있던 서학 관련 책을 불태우도록 명령했다. 이른바 바르고 고운 문체 쓰기 정책인 문체파동文體波動의 서막이다.

정조가 문체파동을 시행한 진짜 의도는 남인을 보호하려는 탕평책이었다는 것이 일반적인 견해이다. 탕평책은 영조부터 실시한 정책으로 특정한 당파가 일방적 힘을 갖는 것을 막기 위해 각 당파에 골고루 권력을 나누어 주는 것이다. 남인이 무너지면 노론이 권력을 독점하게 되므로 왕권이 위협받는다. 그리하여 정조가 천주교를 믿는 남인을 보호하기 위해 공격 대상을 패관소품으로 돌리게 했다는 것이다. 정조가 문체파동을 일으킨 목적이 정치적 측면만 있는 것일까? 정조가 책에 대해 가졌던 생각을 살피면 다른 흥미로운 관점도 보인다.

정조는 독서를 통해 시대와 인간을 살필 수 있다고 보았다. 글에는 그 시대의 정치, 사회, 문화가 담겨 있어서 문체를 통해 그 시대의 풍속과 도덕을 살필 수 있다고 생각했다. 글은 정치 및 윤리와 깊은 관련을 맺고 있어서 문체가 변질한다는 것은 정치가 퇴보하고 윤리가 타락하는 것을 의미한다. 그리하여 정조는 사대부의 염치와 명예도 글을 읽는 데서 나온다고 생각했다.

> 글을 읽은 사람은 자잘한 일에는 비록 더러 어리석더라도 중대한 사안에 대해서는 본래 지키는 바가 있다. 그러므로 사대부의 염치와 명예, 지조가 모두 글을 읽는 데서 나온다. 글을 읽지 않은 사람은 재주와 지모가 비록 뛰어나다 하더라도 마침내 근본에 부족함이 있어서 이루는 것이 없게 된다.
>
> — 《일득록》, 〈문학〉

독서를 하지 않는 사람은 아무리 재능이 뛰어나도 근본이 부족하므로 성취할 수가 없다. 글에는 인간의 정신이 담겨 있어서, 글을 읽으면 그 사람을 알 수 있고 풍속과 문화를 살필 수 있다. 그런데 정조는 패관잡기야말로 풍속을 병들게 하는 글이라고 생각했다. 패관잡기는 실용에 무익할 뿐 아니라 마음을 방탕하게 한다고 보았다.

> 　명청明淸 시대의 문집 및 패관잡기의 폐해는 더욱이 이루 다 말하기가 어렵다. 선비들이 반드시 문장을 하고자 한다면 육경六經과 제자諸子만 가지고도 충분하니, 과장되고 정도에 어긋난 이야기는 사람의 마음을 현혹하고 문풍文風을 병들게 하고 세도를 해치기에 충분하다.
>
> －《일득록》,〈문학〉

> 　패관소설은 사람의 내면을 가장 해치는 것이니, 문장과 경술에 뜻을 둔 선비라면 상을 준다 해도 보지 않을 것이다. 더구나 음조가 낮고 슬프며 날카롭고 경박한, 쓸쓸한 처지에 놓인 사람의 슬프고 근심스러운 소리를 무엇 하러 읽겠는가.
>
> －《일득록》,〈문학〉

　명청 시대의 문집 및 패관기서를 소품문이라고 부른다. 소품문은 명나라 말 청나라 초에 유행한 글로 조선 후기에 중국으로부터 들어와 젊은 작가들 사이에서 크게 유행한 문체이다. 기존의 글이 유교의 엄숙주의를 바탕으로 고상하고 우아한 문체를 추구했다면 소품문은 가벼우며 격식을 따지지 않는다. 이념에 구속받지도 않고 개인의 소소한 일상을 다룬다. 오늘날의 신변잡기 수필이라 보면 되겠다. 정조는 소품문은 겉만 화려하고 실용에 쓸데없다고 보았다. 과장되고 불손한 말로 사람을 속이고 도를 해친다고 생각했다. 세자 시절부터 유학의 경서 위주로 공부한 통치자의 입장에서는 자연스러운 태도이다. 특히 정조는 패관소설을 무척 싫어했다. 한 신하가 정조에게 소설을 읽어보라고 청하자 한사코 거절하며 《삼국지》도 읽은 적이 없다고 고백했다. 정조는 소설은 인간의 마음을 홀리는 이단과 다름없다고 생각해서 평생 단 한 권의 소설도 읽지 않았다.

  정조는 책의 내용만이 아니라 책의 형태도 문제 삼았다. 정조가 중국으로부터 유입되는 모든 서적을 금지했을 때 한 신하가 다스림에 도움이 되는 경전과 자사子史는 금하지 말자고 건의했다. 하지만 정조의 생각은 달랐다. 중국 본은 민간업자가 출판한 방각본과 소매에 넣고 다니게 만든 수진판이었다. 정조는 소매에 넣고 다니는 중국본은 경서를 모독하는 것이며, 경서를 모독하면 그 폐단이 반드시 이단의 어그러진 학문으로 들어갈 것이라 지적했다. 나아가 정조는 중국으로부터 들어오는 책상까지

지목했다.

> 듣건대, 밖에서 책상을 만드는 제도가 뒤는 높고 앞은 기울어져서 누워서 보기에 편하게 되어 있다고 한다. 무릇 문자는 성인이 지은 것으로서 위로는 경전에서부터 아래로는 역사서에 이르기까지 정미한 깊은 뜻을 말하고 치란의 근원을 밝혀 놓았으니, 참으로 마땅히 공손하게 연구하기에도 틈이 없어야 할 것인데 어찌 누워서 볼 수 있단 말인가. 성인이 사람을 가르치신 것이 전적으로 공경할 경敬 공부를 주로 하였으니, 비록 집에 있으면서 단정히 앉아 책을 대하더라도 오히려 마음이 달아날까 염려스러운데 하물며 손과 발을 게을리하여 누워서 책을 본단 말인가?
>
> -《일득록》,〈훈어訓語〉

중국의 책상은 뒤는 높고 앞은 기울어져서 누워서 보기에 편하게 설계되어 있었다. 바른 자세로 오래 앉아서 책을 읽으면 힘이 들므로 누워서 보기 편하도록 제작한 것이다. 조선의 선비들은 중국의 책상을 앞다투어 구매했다. 하지만 정조는 책은 단정히 앉아 공경하는 마음으로 엄숙하게 읽어야 하며 절대로 누워 보아서는 안 된다고 생각했다. 중국 본과 중국 책상을 엄격하게 금하여 선비들이 잘못된 독서 습관을 갖지 못하도록 했다.

이단보다 무서운 것

그런데 정조는 이른바 사악한 학문이라는 뜻으로 사학邪學으로 불린 서양학에는 상대적으로 너그러운 태도를 보였다. 얼핏 서양학이 소품보다 이단성이 더 강해 보이는 데도 정조는 왜 아이러니한 태도를 보인 것일까?

> 그러나 사학에 현혹된 부류를 너무 느슨하게 다스린다고 말하는 사람이 있는데, 이는 그렇지 않다. 사학에 현혹된 자는 술에 취한 사람과 같으므로 깨어나면 보통 사람으로 돌아가는 데 아무 문제가 없다. 만약 그가 취하였을 때 지레 법률을 사용하여 뉘우치는 길을 열어주지 않는다면 이는 이른바 망민罔民이니, 내 어찌 그렇게 하겠는가.…나 또한 오늘날 사학에 물든 사람들을 크게 변화시켜 바른 도로 돌아오게 한다면 으뜸가는 상서가 되는 데 해롭지 않을 것이라고 생각한다.
>
> – 《일득록》, 〈문학〉

정조는 서양학에 빠진 사람을 술에 취한 사람으로 비유한다. 술에 취해 정신을 잃은 사람은 술이 깨면 다시 일상으로 돌아올 수 있다. 서학에 물든 사람은 가르치고 이끌어서 바른 도道로 돌아오게 하면 하등 문제가 되지 않는다는 논리다. 만약 취한 사람을 가혹하게 처벌해 뉘우칠 기회를 막아버린다면 이는 망민罔民이다. 망민은 백성을 그물질한다는 뜻인데《맹자孟子》〈양혜왕梁惠王〉에 나온다. 법망을 가혹하게 만들어서 백성이 법을 어길 때 물고기 잡듯이 모조리 걸려들게 하는 것이다. 서학에 물든 자는 망민이 아니라 교화해야 할 교민教民의 대상이다.

정조는 바른 학문인 정학正學으로 사학邪學을 물리칠 수 있다고 보았다. 원기元氣가 왕성하면 병균이 바깥에서 침입할 수가 없듯이 정학正學을 잘 밝혀서 사학을 배울 것이 못 된다는 것을 깨닫게 한다면 사학으로 가라고 해도 절대로 가지 않으리라는 것이다. 그러므로 자녀에게 경전을 많이 읽게 하여 외물에 관심 갖지 않도록 하면 사학을 공격하지 않아도 사학은 저절로 없어질 거라 보았다.

정조는 진짜 위험한 것은 서학이 아니라 소품문이라고 보았다. 서학은 이단임을 누구나 알기 때문에 없애기도 쉽고 벌을 주기도 쉽다. 하지만 소품은 일상의 글이라서 그 위험성을 알아채지 못하고 대수롭지 않게 넘긴다. 그러다가 나도 모르는 새 소품문에 현혹되어 성인을 비난하고 인륜을 무시하는 데에 이른다. 서학은 사람들이 위험하다는 것을 분명히 알므로 실제로는 위험하지 않지만, 소품문은 은연중에 인간의 마음을 파고들어 인륜을 파괴한다는 것이다. 따라서 정조는 사학邪學이 우리 학문을 해칠까 염려할 것이 아니라 우리 학문이 사학을 막아내지 못할 것을 염려해야 한다고 생각했다.

이러한 정조의 태도에 대해 남인을 보호하기 위한 의도적인 발언으로 이해할 수도 있겠지만, 정조는 글의 속성과 인간의 내면을 정확히 파악한 것이다. 이단성이 분명하면 일반 사람들은 그 위험함을 경계하고 방어한다. 이단임을 조심하면 이단에 물들지는 않는다. 그래서 이단은 자신이 이단임을 숨기고서 은연중에 파고드는 것이다. 게다가 정조의 말대로 이단에 빠졌다가도 다시 빠져나오면 본래의 자리로 돌아오기도 쉽다. 이단에 빠진 사람을 본래의 자리로 돌아오게 한다면 이보다 더 좋은 교화의 효과는 없다. 하지만 일상의 글에 새로움이 섞여 있으면 사람들은 서서히 새로운 생각에 감염되어 기존의 생각을 허문다. 곧 정조가 서학보다 소품이 진짜 위험하다고 본 것은 글의 속성을 정확히 파악한 데에 따른 것이다. 백성을 교화하고 시대를 바로잡으며, 풍속을 구제해야 했던 임금의 처지에서 보자면 육경六經을 으뜸으로 삼고 패관소품을 배격한 것은 필연적인 선택이었다.

활법으로 읽고 과정을 세워라

정조는 학문에는 활법活法과 사법死法이 있다고 생각했다. 사법死法은 일정한 틀에 맞추어 단순 모방하는 행위이고 활법活法은 독창적인 생각으로 유연하게 변화시키는 것이다. 정조는 규칙과 규범을 중시하면서도 유연한 시각을 지니려 노력했다. 이에 따라 정조는 책을 읽을 때에도 활법이 필요하다고 말한다.

> 너는 모쪼록 지금부터 경전經傳을 읽되 미리 의심을 일으키지 말고 오직 많이 읽도록 노력하고, 읽기가 이미 완숙하게 되면 또 반드시 활법活法을 써서 마음을 활발한 경지에 두어 모든 선입견을 놓아 버린 평정한 상태로 조금의 고집이 없도록 해야 한다. 그런 다음 비로소 이미 알고 있는 것에 따라 더욱 깊이 궁구하여, 오늘 하나의 문제가 시원하게 뚫리고 내일 하나의 문제가 부드럽게 풀려 저절로 어두운 거리에 태양이 비칠 시절이 있게 될 것이다.
>
> - 《고식故寔》, 〈대학大學〉

경전을 읽을 때는 의심을 앞세워서는 안 되며 성인의 고심처를 찾고 성인의 뜻을 잘 헤아려야 한다. 하지만 그렇다고 아무 생각 없이 무조건 따라 읽어서는 안 된다. 무조건 따라 읽는 것은 죽은 방법死法이다. 읽기가 성숙한 단계에 이르면 활법活法으로 읽어야 한다. 활법의 읽기는 선입견이나 편견을 없애고 마음을 열고 글을 읽는 것이다. 그리하여 앎을 바탕으로 더욱 깊이 탐구하다 보면 오늘 하나의 이치를 깨닫고 다음 날에도 문제를 해결하여 새로운 깨달음으로 나아가게 된다. 오늘 하나의 이치를 탐구하면 다음 날 또 하나의 이치를 궁구하는 방식은 격물치지格物致知의 방법이다. 정조는 격물치지에서 중요한 독서 태도는 일체의 선입견과 고정관념을 없애는 활법의 독서라고 말한다. 하지만 정조는 통치자였다. 그런 까닭에 전통 성리학자처럼 성리학 계열의 책만 고집한 것은 아니나 그렇다고 해서 관심을 지금의 글, 곧 금문今文까지 확장하지는 않았다.

정조의 또 하나의 독서 방법은 과정課程을 정해두고 읽기이다. 과정의 독서는 일정 기간 배워야 할 과목의 내용과 분량을 정해 놓고 공부하는 방법이다. 하루 동안 읽는 양을 정해 놓으면 비록 그 분량이 많지 않더라도 배움이 계속 쌓여서 마침내는 마음에 푹 배게 된다. 일시적으로 많은 책을 읽고 나서 곧바로 잊어버리는 공부 방식과는 그 효과가 완전히 다르다.

정조는 세자 시절부터 과정의 독서를 중시했다. 병이 들어 독서를 할 수 없을 때를 제외하고는 정해진 분량을 채울 때까지 반드시 읽었다. 임금에 오른 뒤에도 마찬가지였다. 심지어는 손님을 접대하다가 시간을 빼앗기면 밤늦도록 촛불을 켜고 하루의 분량을 채운 뒤에라야 잤다.

나는 젊어서부터 독서를 좋아해서 바쁘고 소란스러운 와중에서도 하루도 정해 놓은 분량을 읽지 않은 적이 없었는데, 읽은 경經·사史·자子·집集을 대략만 계산해 보아도 그 수가 매우 많다. 그에 대한 독서기讀書記를 만들고자 하여, 사부四部로 분류한 다음 각각의 책 밑에 편찬한 사람과 의례義例를 상세하게 기록하였으며, 끝에는 어느 해에 송독했다는 것과 나의 평론을 덧붙여서 하나의 책을 만들었다. 이는 대개 내가 책에 대해서 품평한 것을 사람들이 모두 두루 볼 수 있을 뿐만 아니라, 나 또한 여가 시간에 한가히 뒤적이면 평생의 공부가 낱낱이 눈에 들어와, 반드시 경계하고 반성할 곳이 많을 것이기 때문이다.

- 《일득록》, 〈문학〉

정조는 독서자는 매일매일 공부할 과정課程을 세워 놓는 것이 가장 중요하다고 강조한다. 정조는 하루에 글을 몇 번 읽고 몇 줄 읽을 것인지까지 반드시 과정을 정해 놓고서, 아무리 바쁜 일이 있어도 반드시 실천했다. 이러한 습관은 지식의 확장에도 도움을 주지만 마음을 붙드는 데도 유익하다. 정조는 독서 분량이 많아지자 독서기讀書記를 따로 만들었다. 독서기는 책 읽은 주제를 경經, 사史, 자子, 집集으로 분류한 후 각 책 아래에 작가와 범례를 자세히 기록하고 나서 책을 읽은 연도와 소감을 적어 넣은 것이다. 정조는 독서기를 작성하여 평생의 공부를 일목요연하게 살피고 부족한 점을 보완해 갔다.

정조는 겨울마다 날짜별로 과정을 정해 책을 읽었다. 어느 겨울엔 《춘추》를 20일 만에 완독하자 자궁慈宮(죽은 왕세자의 빈

嬪)인 혜경궁 홍씨가 기뻐하며 책씻이 기념으로 반찬을 직접 차려주기도 했다. 정조가 조선조 역사상 독서 대왕으로 자리매김할 수 있었던 배경에는 세자 시절부터 하루도 빠짐없이 독서량을 정해 놓고 수행한 과정의 독서 방법이 있었다.

반드시 초록하라

정조는 세자 시절부터 책을 읽으면 반드시 초록抄錄을 했다. 초록은 필요한 내용을 간추려서 뽑아 정리하는 것이다. 정조는 책은 반드시 외울 수 있을 때까지 읽어야 하고 책을 볼 때는 반드시 초록해야 한다고 말한다. 그래야 오래도록 활용할 수가 있다는 것이다. 하루는 정조가 자신이 초록해서 편집한《주자대전》과《왕양명집》등을 신하인 이곤수에게 꺼내어 보여주었다. 이곤수는 문집을 초록하면 정신 낭비가 심해지는데 어이해 생각을 번거롭게 하느냐고 아뢰었다. 이에 정조는 다음과 같이 말했다. "책을 볼 때 한두 번 자세히 읽어도 열에 아홉은 잊어버린다. 그런데 손으로 직접 초록하게 되면 단락 앞뒤의 흐름을 여러 번 보게 된다. 게다가 나는 책 보는 벽이 있는데 매번 한 질을 다 읽고 나면 초록하여 두었다가 한가한 때에 수시로 펼쳐보는 것이 재미가 있다." 초록을 하면 중요한 대목을 잊지 않고 기록해

둘 수 있을 뿐만 아니라 글의 흐름을 잘 파악할 수 있다. 정조는 매번 한 질을 다 읽고 나면 초록을 해두어 수시로 펼쳐보는 재미를 누렸다.

심지어 정조는 경전까지 초록했다. 한 신하가 경전은 추려 뽑아서는 안 된다고 지적했다. 정조는 공자가 《시경詩經》과 《서경書經》을 만든 것도 초록한 결과물이라고 설명해 주었다. 《시경》은 춘추시대의 민요를 수집한 것이고 《서경》은 중국 고대의 정치 문서를 편집한 책이다. 나아가 정조는 초록의 장점을 다음과 같이 말했다.

> 초록하는 작업은 학문에 큰 도움이 된다. 장횡거가 마음속에 깨달은 오묘한 이치를 기록하였던 것은 말할 것도 없거니와, 우리나라의 현인들도 초록하여 모으는 데서부터 공력을 쏟았다. 나는 일찍부터 초록하는 공부를 가장 좋아하여 직접 써서 편編을 이룬 것이 수십 권에 이르는데, 이러한 작업을 통해서 효과를 거둔 곳이 상당히 많으니, 범범히 읽어 넘어가는 것과는 같은 선상에서 논할 수 없다.
>
> ―《일득록》, 〈문학〉

정조는 초록이 주는 유익으로 장횡거張橫渠, 1020~1077의 예를 들었다. 북송 시대의 장횡거는 침대나 탁상 위에 항상 붓과 벼루를 준비해 두었다. 그리곤 좋은 생각이 떠오를 때마다 즉시 메모했다. 심지어는 자려고 누워 있다가도 좋은 아이디어가 떠오르면 벌떡 일어나 촛불을 다시 켜서 메모해 두었다. 얼른 써두지 않으면 잊어버릴까 염려해서였다. 장횡거의 이러한 기록 습관을 질서疾書라 부른다. 질서疾書는 빠르게 쓴다는 뜻이다. 초록을 해두면 중요한 대목을 파악하거나 글의 정수를 모아둘 수가 있다. 이익의《성호사설》과 안정복의《잡동산이》등이 모두 초록의 결과물이다. 정조도 초록하는 공부를 가장 좋아하여 직접 초록해서 책을 만든 것만도 수십 권이었다. 정조는 초록은 박문약례博文約禮의 한 방법이라고 생각했다. 박문약례는 책을 많이 읽되 그 내용을 자기의 문제의식에 따라 잘 정리해두는 것이다. 초록을 하면 중요한 대목을 잘 파악할 수 있을 뿐만 아니라 글의 핵심을 모아둘 수가 있다.

　기억은 금세 달아난다. 아무리 좋은 생각도 손으로 써두지 않으면 없는 것과 마찬가지다. 그러므로 머리를 믿지 말고 손을 믿어야 한다.

실학의 독서 추구

　정조가 지향한 학문의 성격은 한마디로 실학實學이다.《홍재전서》를 살피면 정조는 실사實事, 실학實學, 실용實用, 취실지학就實之學, 실공實功, 실지사공實地事功이라는 용어를 거듭 사용한다. "실심實心으로 실학實學을 강론하고 실학으로 실사實事를 실행하는 것이 곧 오늘날의 급선무"라고 말한다.

실학實學은 주지하듯이 조선 후기 성리학의 모순을 극복하기 위한 새로운 문예사조를 일컫는 용어이다. 이익, 박지원, 홍대용, 박제가, 정약용 등과 같이 현실에 직접 도움을 주는 학문을 추구한 학자들을 실학자라고 부른다. 정조의 실학實學은 이와 같은 역사적 운동으로서의 실학과는 다르다. 정조는 실實에 대해 다음과 같이 말한다.

> 거처함에 공손하고 일을 함에 공경하고 사람과 교제함에 충성스러운 것이 바로 실사實事이고, 널리 배우고 자세히 묻고 신중히 생각하고 밝게 분변하고 독실히 행하는 것이 곧 실학이니, 심성과 이기理氣인들 어찌 이 밖에 달리 이해할 것이 있겠는가. (중략) 참 지식이 있어야 비로소 실천이 있는 것이니 한번 길을 잘못 들면 엉뚱한 곳으로 가 버리게 될 위험이 있다.
>
> - 《고식》

나는 본래 성색聲色을 좋아하지 않아, 정무를 돌보는 여가에 시간을 보내는 것은 오직 서적뿐이다. 그러나 패관의 속된 글들은 어릴 때부터 지금까지 한 번도 본 적이 없다. 이들 문자는 실용에 무익할 뿐 아니라 마음을 방탕하게 하니, 그 말류의 폐해를 이루 말할 수 없다. 세상에 실학에 힘쓰지 않고 방외方外의 학문에 힘쓰는 자들을 나는 매우 애석하게 여긴다.

- 《일득록》, 〈문학〉

정조가 말한 실학實學의 의미는 《중용》에서 가져온 것이다. 《중용》 20장에는 "(성실함을) 널리 배우며, 자세히 물으며, 신중히 생각하며, 밝게 분변하며, 독실히 행해야 한다.博學之 審問之 愼思之 明辨之 篤行之"라고 했다. 정조는 유학의 학문 정신을 일컬은 구절을 가져와 실학實學이라고 말하고 있다. 정조는 실학과 반대되는 학문을 패관잡서稗官雜書라고 생각한다. 패관의 글은 실용에 무익하고 마음을 방탕하게 한다고 생각했다. 곧 정조가 말하는 실용적인 책은 도덕과 인륜을 다스리는 데 도움을 주는 치세治世의 책이다. 기본적으로는 유교의 경전을 바탕으로 역사서를 비롯해 의학서, 병법서, 형법서 등을 가리킨다.

전통적인 사대부들은 의학서와 병법서 등은 대수롭지 않게 여겼다. 그러나 정조는 나라를 다스리는 방편으로 실용서를 적극적으로 수용했다. 정조는 사대부들이 의학서를 읽지 않아서 병의 허실虛實과 약성에 대해 전혀 알지 못한다고 비판하면서 사대부들이 의학서를 적극 읽어야 한다고 권장했다. 나아가 사람을 치료하는 것과 나라를 치료하는 것은 같은 원리이므로 사람을 치료하는 법을 유추해서 나라를 다스리는 데 도움을 받을 수 있다고 생각했다. 병법서로는《육도六韜》,《손무자孫武子》를 으뜸으로 여겼으며 군대 쓰는 방법을 배워서 나라를 다스리는 요체를 배우고자 했다.

정조는 치우칠 편偏자에 걸려들면 올바른 뜻을 잃는다고 하면서 치우친 성품은 반드시 힘껏 극복해서 없애려고 노력했다. 그리하여 유가의 경전에 갇히지 않고 치세治世에 도움이 되는 책을 적극적으로 읽었다.

정조의 독서 범위는 육경六經을 으뜸으로 하여,《맹자孟子》등의 자서子書와 역사서, 주자서가 뒤를 잇는다. 육경과 주자서를 학문의 근본으로 두려는 정조의 생각은 통치자로서 유교 국가를 계승해가야 하는 정조의 지위를 고려하면 쉽게 이해된다. 역사서를 특별히 강조하는 정조의 생각은 흥미롭다.

> 독서에는 역사책이 가장 긴요하고 절실하다. 한 가지 일을 보면 이익과 해로움을 환히 알고, 한 사람을 헤아려 보면 현명함과 어리석음을 즉시 알 수 있다. 만약 지난 일을 환히 알고 전 시대 사람을 분별할 줄 안다면 옛날을 바탕 삼아 오늘을 비추어 보는 효험을 날로 얻을 수 있을 것이다.
>
> -《일득록》,〈문학〉

정조는 역사책이 가장 긴요하고 절실한 독서물이라 말한다. 글을 읽는 것은 덕을 닦는 일이고 역사서를 보는 것은 옛일을 거울삼는 방법이다. 정조는 과거의 역사를 교훈 삼아 지금의 정치를 비추어 볼 수 있다고 생각했다. 역사서 가운데서도《사기》를 특히 중요하게 여겼다. 경전 다음으로 중요한 책이《사기》이며《사기》는 바탕이 도탑고 뜻이 깊어 무궁한 의미가 담겨 있다고 말했다.《홍재전서》를 살피면 정조는 자기 생각을 밝힐 때《사기》를 빈번히 인용하고 있다. 정조는 역사서에 대해 경전에 버금가는 의미를 부여하면서 과거의 역사를 통해 현재를 거울삼고자 했다. 특별히 역사서를 읽을 땐 사사로운 편견을 갖지 말라고 당부했다. 저명한 인물에 대해서는 잘못된 행위도 감싸주고 무조건 올바르게 평가하면서, 명성이 없거나 덕이 없는 인물에 대해서는 좋은 행적도 무조건 나쁜 쪽으로만 평가하려는 태도를 경계했다.

애서벽을 지녔던 호학 군주

정리하자면 정조는 국왕의 신분이었으므로 왕권 강화와 정통성 지키기라는 통치자의 시각에서 독서를 했다. 문체는 풍속 및 인간의 마음과 직접 연결되어 있어서 문체가 바르지 못한 글은 풍속을 병들게 한다고 생각했다. 이러한 바탕에서 실학과 실용의 독서를 강조했는데 정조에게 실학은 도덕과 치세를 위한 진실한 학문을 의미했다. 정조는 전통 사대부들과 마찬가지로 육경六經과 주자서를 으뜸으로 여겼다. 학문이 도덕과 윤리 문제를 해결하고 세상을 다스리는데 실제적인 도움이 되어야 한다고 생각했다. 그리하여 하나의 틀에 매이는 독서를 사법死法으로 규정하고 상황에 따라 유연하게 확장해 읽는 활법活法의 독서를 지향했다. 기본적으로는 경학과 주자학을 강조했지만, 천문, 의학, 병술, 도가 등 제자백가서와 실용서에 이르는 전 분야의 서적을 폭넓게 섭렵했다. 육경학과 제자서 및 주자서를 올바른 학문으로 세우면서도 탁상공론에서 벗어나 실용적이고 실천적인 성향의 서적을 적극적으로 수용했다고 하겠다. 하지만 정조가 활법의 독서를 내세워 틀에 갇히는 독서를 경계했다고 하더라도 기본적으로는 통치자의 시각에서 목적의식을 갖고 책을 읽었기에 유익한 책과 해로운 책의 경계는 명확했다.

독서 대왕으로서의 정조의 면모는 어린 시절부터 반복적으로 이루어진 독서 습관이 평생토록 이어진 결과물이었다. 매일 독서 분량을 정해 놓고 목표를 달성해야 잠이 들었던 정조의 독서 습관은 임금이 된 이후에도 변함없이 이어졌다. 일반 사대부들과 별반 다르지 않은 독서 목적과 독서 태도를 지녔음에도 군사君師로 자임할 정도의 풍부한 학식을 보여줄 수 있었던 배경에는 정조의 남다른 독서 습관과 애서벽愛書癖이 있었다. 정조는 각별한 독서벽을 바탕으로 책의 정치를 펼쳐 나가, 호학好學 군주로서의 위상을 만들어 갈 수 있었다.

字 글자 자
집 안에서 자식을 기르는 형상이다. 글자는 죽은 기호가 아니라 끊임없이 자라고 변하는 살아 있는 사물이다.

"독서할 때에는 과정은 작게 잡고
노력은 크게 힘써야 한다.
예컨대 이백 자를 읽을 수 있어도 백 자만 읽고,
백 자에 온 힘을 다해 공부하면
자세하게 이해하고 익숙하게 외울 수 있다.
이같이 하면 기억력이 없는 사람도
저절로 기억하게 되고,
이해력이 없는 사람도 이해하게 된다.
만약 데면데면하게 읊기만 많이 한다면
이 모두가 무익할 뿐이다."

-《독서법讀書法》

이백 자를 읽을 수 있더라도 절반으로 줄여 백 자에 온 힘을 다해 집중하는 편이 이백 자를 통독하는 것보다 훨씬 효과적이다. 분량을 줄여 반복해서 읽으면 머리가 나쁘거나 기억력이 나쁜 사람도 충분히 이해할 수 있다. 열 권의 문제집을 한 번씩 보는 것보다 한 권의 문제집을 열 번 들여다보는 것이 훨씬 효과적인 공부법과 같은 이치다. 독서는 얼마나 많은 분량을 읽었느냐가 중요한 것이 아니라 읽은 부분을 얼마나 정밀하고 꼼꼼하게 이해했느냐가 중요하다.

책 법 전
책을 두 손으로 받들고 있는 모습이다. 전(冊)이 들어가는 단어는 두 손으로 받들어 읽어야 하는 귀한 책이다. 양응수는 경전을 최고의 가치로 여긴 전통 성리학자였다.

성리학자의 독서론

마음을 먼저 비워라, 백수 양응수의 허심虛心의 독서

독서는 사대부 학자의 본질이자 삶 자체이다. 대부분 사대부는 정치 일선에 나서는 경우가 아니면 평생 책을 읽으며 살았다. 사대부는 독서를 통해 자신을 닦고 세상을 이해하는 도리를 찾았다. 한 사대부 성리학자의 독서 태도에서 고전 시대 사대부의 독서법을 이해해 보고자 한다.

양응수는 18세기 성리학자이다. 호는 백수白水이며 남원南原 사람이다. 숙종 26년인 1700년에 태어나 1767년 68세의 나이에 죽었으니 격동의 18세기를 온전히 살다간 인물이다. 과거에 뜻을 두지 않아, 한 차례 응시하고 나서는 더이상 과거를 보지 않고 도학을 추구하는 삶을 살았다. 서른여덟 살에는 당시 낙론의 거두로 추앙받던 도암陶庵 이재李縡의 문하에 들어갔으며 도암의 수제자가 되어 그 학통을 충실하게 계승했다. 평생 학문의 목표를 성인의 도를 찾는데 두었으니 전통 성리학자의 삶을 충실히 살다간 인물로 평가할 만하다.

백수의 독서법은 〈위학대요爲學大要〉에 '독서법讀書法'이란 이름으로 125여 개의 독서 항목이 수록되어 있다. 백수의 독서법은 《성리대전》과 《근사록》에서 초록한 것이므로 주자와 성현의 독서법을 따른 것이다. 백수 자신이 공감하는 내용을 엄격하게 선별한 것이므로 백수의 세계관이 반영된 독서법이라 하겠다. 고전 시대 성리학자들이 주자의 말씀을 절대적으로 따른 것을 생각한다면 백수의 독서법은 조선 시대 성리학자들의 일반적인 독서 태도라고 보아도 좋다.

마음을 비우고 읽어라

왜 책을 읽을까? 글은 성현의 지혜를 담고 있다고 생각했던 옛사람들은 독서를 통해 인격을 닦고 세상을 경영하는 지혜를 배웠다. 한편으로 독서는 입신양명을 실현하는 최고의 수단이었다. 과거에 합격해서 관리로 나가기 위한 거의 유일한 수단이자, 고급 관리가 되기 위한 필수 코스였다. "책 속에 곡식과 금은보화가 있으며 미인이 있다"라는 생각이 고전 시대 독서인들의 주요한 독서 목적이었다.

그런데 백수는 당시 사회가 과거 시험을 위한 글에 매달리는 현상을 비판하고 출세보다는 성인의 도를 배우고 인격을 닦고자 했다. 백수는 스물네 살에 한번 과거에 응시한 후로는 다시는 과거를 보지 않았다. 항해는 글을 읽는 이유를 다음과 같이 말한다. "글을 읽는 까닭은 자기의 의문을 풀고 자기가 이르지 못한 것을 밝히는 데 있다. 책을 볼 때마다 새로운 유익을 더하게 된다면 학문은 진전된다. 의문이 없는 곳에서 의문을 품어야 진전인 것이다." 독서는 의문을 풀고 지금까지 모르던 것을 새롭게 배우는 데 있다. 당연하다고 여기던 곳에서 새로운 의문이 생겨야 제대로 된 독서라 할 수 있다. 의문을 푸는 것은 자신의 무지를 새롭게 깨닫는 것이기도 하다.

백수 독서법에 나타난 독서인의 자세는 어떠할까?

책을 볼 때는 다만 마음을 비우고 기운을 평온하게 하여 서서히 의리가 있는 곳을 살펴야 한다. 만일 그 취할 만하다면 비록 세속 보통 사람의 말이라도 없애지 말아야 하고, 의심할 만한 것이 있다면 비록 누군가 성현의 말이라고 전하더라도 또한 다시 더욱 살피고 가려야 한다. 그렇게 되면 저절로 의미가 조화되고 도리가 분명해져, 다리는 실지를 밟고 행동함에는 의거하는 바가 있게 되어 남을 농락하거나 자신을 속이는 근심이 없게 된다.

책을 볼 때 먼저 마음을 비우고 기운을 평온하게 해야 한다. 이를 허심평기虛心平氣라고 하는데 퇴계와 율곡을 비롯해 성리학자들이 강조해 온 독서 태도이다. 허심虛心의 독서는 사사로운 견해나 편견을 버리고 텅 빈 마음으로 성현의 말씀을 묵독하는 것이다.

백수는 독서는 사람의 일을 묻는 것과 같아서 그 일에 대해 알고 싶으면 그 사람에게 묻는 것이 좋다고 말한다. 그러나 초심자는 남에게 묻기보다 자기 뜻으로 미리 단정해서 '필시 이럴 것이다'라고 선입견을 갖는다. 배우는 사람은 자기 생각으로 작가의 말을 억지로 끌어 맞추어서는 안 된다. 글로써 글을 보고 사물로써 사물을 보아야지 자기의 선입견을 내세워서는 곤란하다는 것이 백수가 말하는 허심虛心의 책 읽기이다.

하지만 처음 배우는 사람이 허심을 갖기는 쉽지 않다. 왜 그럴까?

> 배우는 자가 책을 읽을 때 폐단은 앞으로 나가려고만 하고 한 걸음 물러나 보려고 하지 않는 데 있다. 앞으로 나아가려 할수록 읽는 것이 분명하지 않으므로 한걸음 물러나 살펴보는 것만 같지 못하니 병폐는 집착하여 놓지 않는 데 있다. 곧 송사를 듣는 것과 같으니 마음에 먼저 을을 지지할 생각이 있으면 갑이 옳지 못한 것을 찾고, 마음에 먼저 갑을 지지할 생각이 있으면 을의 옳지 못

한 점만을 보는 것과 같다. 갑과 을의 입장을 잠시 내려놓고 천천히 생각하면서 그 옳고 그름을 분별해야 한다. 장횡거 선생이 말하기를 "옛 견해를 씻어 버리고 새로운 생각을 받아들여라."라고 했는데, 이 말이 지극히 옳다. 만약 옛 견해를 씻어 버리지 않는다면 어디에서 새로운 뜻을 얻겠는가? 오늘날 배우는 자들에겐 두 가지 병폐가 있다. 하나는 이같이 사사로운 뜻을 주장하는 것이고, 또 하나는 오랫동안 선입견을 갖는 것이다. 비록 버리려 해도 거기에서 벗어나지 못한다.

    초보자는 빨리 읽고 싶은 조급증을 갖는다. 단계를 뛰어넘는 것을 엽등獵等이라고 한다. 학자는 엽등의 욕심이 있다. 빨리 나가려는 욕심 때문에 대충대충 읽으면 종국에는 깨닫는 것이 없다. 개구리가 더 멀리 뛰기 위해서는 먼저는 한껏 움츠릴 수 있어야 하지만 엽등의 욕심은 단계별 과정을 무시한다. 그러므로 초심자는 먼저 효과를 바라서는 안 된다. 백수는 말하길, "독서할 때는 몸과 마음을 모두 저 한 단락 안에 들이밀고 바깥에서 무슨 일이 있는지를 묻지 말아야 한 단락의 도리를 이해할 수 있다."라고 한다. 글을 읽으면서 마음은 콩밭에 있으면 읽는 시간만 허비한다. 잡념이 잠잠해진 다음에 글을 읽어야 한다.

    독서할 때 또 하나의 병폐는 선입견으로 보는 태도다. 백수는 소송으로 비유한다. 갑과 을 두 사람의 분쟁이 있다고 하자.

내 마음에 갑을 지지하는 마음이 있으면 을의 잘못된 점만을 찾으려 한다. 반대로 을을 지지하는 마음이 있으면 갑의 옳지 못한 점만 들어온다. 이미 한편으로 입장이 기울어 있으면 상대방의 단점만 보려 하고, 지지하는 편의 단점은 애써 눈감는다. 갑과 을의 주장을 잠시 내려놓고 한걸음 떨어져서 어느 입장이 옳은지를 곰곰이 생각해야 진실의 자리에 설 수 있다. 선입견에 갇혀 편견을 갖는다면 객관적인 입장에서 바라볼 수가 없다. 선입견을 버려야 새로운 견해를 받아들일 수 있다.

독서할 때 본 것이 꼭 옳은 것은 아니니 집착해서는 안 된다. 장차 한편에 놓아두었다가 다시 책을 읽어 새로운 견해가 나오도록 해야 한다. 만약 한 편을 보는데 집착하면 이 마음은 본 것에 가려지게 될 것이다. 비유하자면 한 뙈기 깨끗한 논밭에 만약 위쪽에 하나의 물건을 안치하면 가리는 곳이 있게 되는 것과 같다.

독서할 때 내가 본 것이 꼭 옳은 것이 아니므로 그것에 집착해서는 안 된다. 집착하는 마음이 있으면 객관적 태도가 흐려진다. 내 생각을 잠시 놓아두어 마음을 비우고서 읽어야 새롭게 깨닫는다. 백수는 마음이 공정하지 못하면 책을 올바로 읽지 못한다고 말한다. 성인의 경전을 읽을 때는 마음을 온전히 글뜻에 두어 옳고 그름을 잘 살피라고 한다. 글을 읽을 때 옛 습관대로 보면 점검해보아야 할 곳을 놓친다. 마음을 비운다는 것은 앞으로만 나가려는 조급증과 선입견을 버리고 한걸음 떨어져서 객관적으로 보는 것이다.

열린 마음으로 읽어라

소호가 말했다. 조서기는 '스스로 이해한 후에는 다만 육경과 논어 맹자를 보고 그밖의 역사서와 잡학은 모두 볼 필요가 없다'고 했다. 이와 같다면 곧 고금의 성패를 볼 수 없으니 바로 형공 왕안석의 배움인 것이다. 책이 어찌 읽으면 안 되는 것이 있겠는가? 다만 책을 읽을 수 있는 충분한 힘이 없을까 두려울 뿐이다. 육경은 삼대 이전의 책으로 성인의 손을 거쳐 온전히 하늘의 이치를 담았다. 삼대 이후의 글은 득실이 있으나 하늘의 이치는 그곳에서도 여느 때처럼 존재한다.

문서를 기록하는 관리인 조씨는 육경과 논어, 맹자 외에는 볼 필요가 없다고 말했다. 조선조 도학자들이 성리학 계열의 책 외에는 모두 배척하는 태도와 같다. 그러나 읽어서는 안 되는 책은 없다. 요순 삼대 시절의 육경만이 하늘의 이치를 담은 것은 아니다. 그 이후의 수많은 책도 득실은 있지만 모두 하늘의 이치를 담고 있다. 오히려 여러 사상가의 다른 학설이 가장 볼만하다. 이 학자의 주장과 저 학자의 주장이 다르다면 그 갈리는 지점에서 독서자는 옳고 그름을 깨닫는다.

정통 성리학자들은 주자학 계열의 책만 수용하고 그 밖은 이단으로 취급했다. 이들은 주자의 주석에 대해 한 글자라도 더 하거나 빼는 태도는 후학의 올바른 도리가 아니라고 말했다. 주자의 주해 외에 여러 사상가의 학설은 잡설일 뿐이며 주자의 학설을 보충하고자 할 때도 다른 사람의 견해를 참고해서는 안 되고 주자의 글을 통해 그 뜻을 완성해야 한다고 생각했다. 주자의 학설과 다른 견해를 내세우면 유교를 어지럽히는 도적, 즉 사문난적 斯文亂賊으로 몰려 큰 해를 입기도 했다. 그러나 백수는 읽지 않으면 안 되는 책은 없다고 말한다. 책을 읽을 수 있는 충분한 힘이 없음을 걱정한다. 모든 책은 다 이치를 품고 있다.

푹 젖어 읽고 정밀하게 생각하라

마음을 비운 다음에는 숙독 熟讀과 정사 精思가 필요하다.

독서는 먼저 마음을 비우고 기운을 평온케 하며, 익숙하게 읽고 정밀하게 생각해야 한다. 한 글자 한 구절로 하여금 모두 원인을 밝히고 제가의 주해를 하나하나 관통한 다음에야 그 옳고 그름을 비교할 수 있고 성현이 세운 말의 본뜻을 구할 수가 있다. 비록 이미 얻었을지라도 또한 다시 반복하고 음미하여 그 의리가 마음속에 흠뻑 젖어 들어 피부에 스며들고 골수에 사무친 다음에야 배웠다고 말할 수 있다.

숙독은 익숙해지기까지 꼼꼼하고 자세하게 읽는 것이고 정사精思는 익숙해지기까지 깊이 생각하는 것이다. 골고루 읽되 반복해서 읽고 다시 재음미하는 과정이다. 글에 푹 젖어 반복해서 읽다 보면 어느 순간에 저절로 깨달음에 이른다. 그러나 깨우쳤어도 다시 의문이 생기기 마련이다. 그러면 또다시 읽어 음미해야 한다. 또 다른 의문이 생기는 경지까지 이르지 못하고서 독서를 멈추게 되면 더 이상의 진전은 없게 된다. 그러므로 숙독은 매우 수고로운 과정이 필요한 독서 방식이다. 사람들이 책을 읽으면서도 핵심을 알지 못하는 이유는 잠깐 읽고서 바로 답을 구하려 하거나 지나치게 읽기만 할 뿐 도착지가 어디인지도 모른 채 뭣도 모르고 읽는 데 있다. 익숙해지도록 읽고 익숙해지도록 생각해야 어디서든 통하는 깨달음에 이르는데 그럴 때 비로소 글의 핵심이 저절로 보인다.

배우는 사람이 처음 글을 보면 다만 몇 혼돈스런 물건으로 보일 뿐이다. 오랫동안 한두 조각에서 십여 조각에 이르기까지 보게 되면 바야흐로 멀리 나아가게 된다. 포정이 소를 가를 때 눈에 온전한 소로 보이는 것이 없다고 한 경지가 이것이다.

초심자가 처음 글을 읽을 때는 분명하게 드러나는 것은 없고 도무지 혼란스럽기만 하다. 문리가 트이지 않은 것이다. 오랜 시간을 두고 글자를 쪼개어 분석하고 음미해야 비로소 진정한 진전을 이룬다. 《장자莊子》의 〈양생주편養生主篇〉에 나오는 '포정해우庖丁解牛'의 비유가 참고가 된다. 포정庖丁은 고대의 이름난 백정이다. 해우解牛는 소를 잡아 뼈와 살을 발라내는 것이다. 포정은 소를 잡는 동작이 한 치도 어긋남이 없었다. 그 비결에 대해 포정은 다음과 같이 말한다. "처음 소를 잡을 때는 소만 보여 손을 댈 수 없었으나, 3년이 지나자 어느새 소의 온 모습은 눈에 띄지 않게 되었습니다. 요즘 저는 정신으로 소를 대하지 눈으로 보지 않습니다." 글을 읽는 일도 수십 번을 조심스럽게 반복해서 음미하는 과정을 거쳐야 진정한 경지에 이른다. 익숙하게 된다는 것은 글을 암기하는 수준에 머무는게 아니라 글에 푹 젖어 글과 내 생각이 일체가 되는 경지에까지 도달하는 것이다.

정밀하게 생각하는 정사精思는 자세히 보고 깊이 생각하는 것이다. 얼핏 숙독과 비슷해 보이나 숙독이 푹 젖을 때까지 반복하는 행위에 주안점을 둔다면 정사精思는 글자마다 정밀한 곳까지 생각이 미치는 행위다.

　　　글을 읽을 때는 일반적으로 두 가지 병폐가 있다. 한 부류는 성품이 둔하고 어리석은 사람으로 본래부터 읽은 적이 없고 읽어도 생소하며, 성급하기만 할 뿐 지속적으로 보지 못하니 참으로 병폐이다. 또 한 부류는 재빠르고 날랜 사람으로 자세하게 보려 않고 쉽게 얻어 소홀히 하는 생각을 품고 있으니 경계하지 않을 수 없다.

너무 영리한 사람은 손쉽게 얻고 싶은 유혹에 빠진다. 자기 재주를 믿고 쉽게 얻으려 한다. 어리석은 사람은 책을 읽은 적이 없으니 성급하기만 할 뿐 끈기 있게 읽지를 못한다. 하지만 독서의 과정은 꾸준하고 성실해야 한다. 절대 성급한 마음을 지녀서는 안 된다. 지름길이 있다고 착각하여 요령을 피우면 자신을 깊은 구덩이에 빠뜨리는 격이다. 배우는 사람이 깨달음을 얻는 것은 여러 겹의 포장지를 하나하나 뜯어보는 것과 같아서 곧바로 안을 들여다 볼 수는 없다. 한 겹을 벗겨내어 또 한 겹을 보고, 또 한 겹을 벗겨내어 또 한 겹을 보아가야 한다. 거친 마음과 헛된 마음을 품으면 얻을 수가 없다. 책을 읽을 때는 빨리 마치려는 마음을 가져서는 안 된다.

독서는 비유하자면 집을 관찰하는 것과 같다. 만약 밖에서 집의 겉모습을 보고 집을 보았다고 한다면 그 집을 알 도리가 없다. 안으로 들어가 하나하나 보고서 이 집은 몇 칸 집이며 몇 개의 창살이 있다고 해야 한다. 한 번 보고 또 거듭 보아 하나하나 기억할 수 있어야 본 것이다.

독서는 한 글자 한 글자 음미해가며 자세히 살피는 행위다. 의문나는 곳을 찾지 못한다면 책을 제대로 이해한 것이 아니다. 의문이 없는 곳에서 의문이 생기도록 하고, 의문이 생기면 의문이 없도록 만들어야 한다. 백수는 독서법을 집을 관찰하는 행위로 비유한다. 집 밖에서 집을 보고서 집을 다 보았다고 말한다면 집을 제대로 본 것이 아니다. 집 안으로 들어가 요모조모 살펴보고 일일이 기억할 수 있어야 집을 제대로 보았다고 할 수 있다. 백수는 꽃을 보는 것으로 비유하기도 한다. 성현의 언어는 많은 꽃과 같아서 멀리서 바라보면 전부 바라보기에 좋다. 그러나 진짜 좋은 곳을 볼 수 있어야 한다. 그것은 힘써 자세히 보는 데 있을 뿐이다. 공부도 마찬가지로 자세하게 보는 데 있을 뿐, 다른 지름길이 없다. 꽃은 글자를 비유한 것이다. 멀리서 대략 보면 모든 글이 다 좋기만 할 뿐이니, 자세히 살펴 정밀하게 생각하라는 의미이다.

곧 숙독정사熟讀精思는 익숙하기까지 반복해서 글을 읽되 글자마다 세밀하게 파고들어 글과 내가 일체가 되는 경지에까지 이르는 독서 행위다. 쓴 풀을 계속해서 씹다 보면 나중엔 단맛이 나오듯이 문리가 터질 때까지 읽다 보면 오랜 후에는 깊은 맛을 알게 되는 경지이다.

분량을 줄여 집중해서 읽어라

무조건 반복해서 읽거나 몰입해서 읽는다고 큰 독서 효과를 보는 것은 아니다. 독서에는 요령이 있다. 책을 읽을 때는 먼저 분량을 작게 잡고서 힘을 크게 써야 한다.

> 독서할 때에는 과정은 작게 잡고 노력은 크게 힘써야 한다. 예컨대 이백 자를 읽을 수 있어도 백 자만 읽고, 백 자에 온 힘을 다해 공부하면 자세하게 이해하고 익숙하게 외울 수 있다. 이같이 하면 기억력이 없는 사람도 저절로 기억하게 되고, 이해력이 없는 사람도 이해하게 된다. 만약 데면데면하게 읊기만 많이 한다면 모두가 무익할 뿐이다.

무조건 많이 읽는다고 좋은 독서가 아니다. 많이 읽으려는 욕심에 이것저것 닥치는 대로 읽으면 나중엔 모두 잊게 된다. 읽을 분량을 적게 잡고 집중해서 들여다보는 것이 훨씬 효과적이다. 예컨대 이백 자를 읽을 수 있더라도 절반으로 줄여 백 자에 온 힘을 다해 집중하는 편이 이백 자를 통독하는 것보다 훨씬 효과적이라는 것이다. 분량을 줄여 반복해서 읽으면 머리가 나쁘거나 기억력이 나쁜 사람도 충분히 이해할 수 있다. 열 권의 문제집을 한 번씩 보는 것보다 한 권의 문제집을 열 번 들여다보는 것이 훨씬 효과적인 공부법과 같은 이치다.

 독서는 얼마나 많은 분량을 읽었느냐가 중요한 것이 아니라 읽은 부분을 얼마나 정밀하고 꼼꼼하게 이해했느냐가 중요하다. 특히 중년 이후엔 많은 분량이 필요하지 않다. 조금씩 음미하고 찾아가면 저절로 이치를 발견하게 된다.

 하지만 그렇다고 해서 백수의 독서법이 다독을 배척하는 것은 아니다. 오히려 공부는 크고 넓게 하라고 강조한다. 백수는 넓게 구하지 않으면서 어떻게 간략함을 살피고 체험할 수 있겠느냐고 묻는다. 책을 읽을 때 두루 널리 읽는 태도는 중요하다. 다만 무조건 많이 읽으려는 욕심을 버리고 차례를 따라 순서대로 보아야 한다. 구두와 말뜻의 의미를 깊이 체험하지 못한다면 이것저것 매일 다섯 수레의 책을 외운들 배움에는 아무 유익이 없게 된다.

역량과 상황에 맞게 읽어라

또 하나의 독서 요령은 각자의 역량과 각각의 상황에 맞게 읽는 것이다.

누군가 예전에 말했다. 배움에는 늙음과 젊음이 같지 않다. 젊을 때는 정력이 남으므로 읽지 않는 책이 없어야 하고 그 뜻을 궁구하지 않는 것이 없어야 한다. 나이가 들면 중요한 것을 선택해서 힘써야 한다. 한 권의 책을 읽다가 문득 나중에 공부하기에 어렵다는 것을 깨닫는다면 다시 가서 이해해서 깊이 생각하고 의미를 찾아내 지극한 곳까지 궁구하는 것이 좋다.

독서는 각자 역량에 맞게 읽어야 한다. 기력이 넘치는 젊은 시절엔 책을 두루 읽어가며 하나하나 격물치지 해가야 한다. 나이가 들면 기력이 쇠약해지므로 책을 가려 읽어서 힘의 소모를 줄여야 한다. 책을 읽다가 나중에 다시 읽기가 어렵겠다 싶으면 끝까지 의미를 알아내는 것이 좋다. 또 정신 능력이 뛰어난 자는 널리 읽어도 좋겠지만 능력이 부족한 사람은 말뜻이 간단하고 쉬운 책을 골라 읽어야 좋다.

책을 읽는데도 책의 특성을 고려해야 한다. 논어는 냉정하고 엄밀하게 보아야 하고 맹자는 익숙하기까지 보아야 한다. 논어는 글자마다 생각마다 각기 뜻이 있어서 자세하고 정밀하게 보는 태도가 필요하다. 반면 맹자는 단락이 유기적으로 얽혀 있으므로 자구에 얽매여서는 본뜻을 이해할 수 없고 처음과 끝을 꿰뚫어 숙독해야 글 뜻이 보인다. 역사서는 당장에 긴요하지는 않으므로 읽다가 의문이 들면 따로 메모해 두었다가 다른 사람에게 물어보면 된다. 반면 경전은 자신에게 절실한 문제이므로 의문이 생기면 반드시 그 자리에서 의혹을 해결하기까지 숙독해야 한다.

백수의 독서 요령은 권權과 중中으로 요약할 수 있다. 백수는 권權을 아는 것보다 좋은 것이 없다고 했다. 권權은 상황에 맞게 알맞은 자리를 찾아가는 것이다. 가령 손발에 못이 박히도록 일하는 것과 문을 잠그고 배우는 두 가지의 중간을 취하는 것은 중中이 아니다. 손에 못이 박히도록 일을 할 때는 거기에 맞는 중中이 있고 두문불출할 때는 거기에 알맞은 중中이 있다는 것이다.

상황에 맞는 저울질을 의미하는 권權과 각기 때에 맞는 가운데를 뜻하는 중中은 연암 박지원이 강조하는 핵심 어휘이기도 하다. 가운데라는 것은 단순히 기계적인 중립을 의미하지 않는다. 일할 때는 거기에 알맞은 자리가 있고 배움에는 배움에 맞는 자리가 있다. 각기 상황에 맞는 자리가 있으므로 기계적으로 가운데를 취하지 말고 때에 따라 거기에 꼭 맞게 적용하는 것이다. 독서에도 천편일률적인 독서 방법은 없으며 상황과 형편에 맞게 읽어야 한다. 백수의 독서법은 천편일률적인 독서 태도에서 벗어나 유연함을 강조하는 열린 독서법이라 하겠다.

고전의 독서론이 갖는 의미

18세기에는 중국으로부터 수많은 서적이 들어왔고 서적의 범위와 종류 또한 이전과는 비교할 수 없을 정도로 다양했다. 성리학자들도 이전의 독서 목록만으로는 엄청나게 들어오는 책과 독서 문화를 제대로 감당할 수 없었다. 기존의 전통을 계승하면서 유연하게 대응해가는 독서 태도가 요청되었다. 백수의 독서법은 18세기 성리학자들이 전통적인 독서 방식을 잘 계승하면서도 주체적이고 열린 관점에서 독서 문화를 받아들이고 있었음을 보여준다.

유교 전통이 무너지고 포스트모더니즘을 살아가는 오늘날의 독서 환경이 이전 시기와 똑같을 수 없음은 자명하다. 수많은 정보가 넘치고 날마다 헤아릴 수 없는 책이 쏟아져 나오는 지금에, 한 권의 책을 수백 번 반복해서 읽으라는 선현들의 독서 습관을 똑같이 적용할 수는 없다. 그렇다고 하여 고전의 독서론이 결코 낡은 방법으로 무시될 일은 아니다. 무조건 많이 읽기보다는 깊게 읽는 것이 중요하다. 하나를 읽더라도 제대로 알아라,

열 권의 책을 한번 훑어보는 것보다 한 권의 책을 열 번 꼼꼼히 보는 것이 낫다. 제대로 집중해서 읽어라. 스스로 생각하며 읽으라는 백수의 독서법은 오늘날에도 의미 있는 지침으로 삼을 태도이다. 아니 오히려 현대인들은 수많은 정보와 서적 속에서 어떻게 책을 읽는 것이 올바른 방법인지를 몰라 갈팡질팡한다. 고전의 독서론은 오늘날 독서 태도에 여러 가지 유익한 생각거리를 던진다.

참고한 문헌들

책을 저술하기까지 많은 저서와 논문의 도움을 받았다. 본문에 쓴 인용문은 정민 (2013)과 박수밀(2011), 한국고전번역원의 한국고전종합DB에서 도움받았다. 정조와 양응수의 독서론은 필자의 기존 논의(2008, 2019)를 보완하고 다듬은 것이다.

정 민(2013), 《오직 독서뿐》, 김영사.
박지원 지음, 신호열, 김명호 옮김(2007), 《연암집》상·중·하, 돌베개.
박수밀(2011), 《연암 산문집》, 지식을만드는지식.
《국역 홍재전서》, 《한국고전종합DB》(http://db.itkc.or.kr/)
이익 지음, 이상하 외 옮김, 《성호전집》, 한국고전번역원.

강명관(2001), 〈문체와 국가장치: 정조의 문체반정을 둘러싼 사건들〉, 《문학과 경계》2집, 문학과 경계사.
강명관(2007), 《책벌레들 조선을 만들다》, 푸른역사.
김 영(1993), 《조선후기 한문학의 사회적 의미》, 집문당.
김오봉(1995), 〈백수 양응수의 독서론에 관한 연구〉, 전남대학교 문헌정보학과.
김태준(1988), 《홍대용 평전》, 민음사.
김풍기(2013), 《독서광 허균》, 그물.
박수밀(2005), 〈조선후기 독서론과 독서방식의 변화〉, 《국제어문》33집, 국제어문학회.
박수밀(2019), 〈정조의 독서론 고찰〉, 《동방학》41집, 한서대 동양고전연구소.
박수밀(2008), 〈18세기 양응수의 독서법에 나타난 독서 양상과 그 의미〉, 《국제어문》 42집, 국제어문학회.

백민정(2010), 〈정조의 학문관과 공부 방법론〉, 《동양철학》34집, 한국동양철학회.
송주복(1999), 《주자서당朱子書堂은 어떻게 글을 배웠나》, 청계.
원재린(2003), 《조선후기 성호학파의 학풍 연구》, 혜안.
유영만(2018), 《독서의 발견》, 카모마일북스.
이만수(2005), 〈세종대왕의 독서론〉, 《독서문화연구》, 대진대 독서문화연구소.
이상주(2011), 《조선 명문가 독서 교육법》, 다음생각.
이수광(2012), 《공부에 미친 16인의 조선 선비들》, 해냄.
이순신 지음, 최두환 엮음(1997), 《난중일기》, 학민사.
정 민(2007), 《다산선생 지식경영법》, 김영사.
정 민(2002), 〈항해 홍길주의 독서론과 문장론〉, 《대동문화연구》41집, 성균관대 대동문화연구원.
정옥자 외(1999), 《정조 시대의 사상과 문화》, 돌베개.